Gilded Tarot Royale

Tarô Dourado Real

Sobre a Autora

Há mais de vinte anos alguém colocou um baralho de tarô nas mãos de Barbara Moore e, desde então, ela se mantém ocupada interpretando cartas, dando aulas, escrevendo livros e criando baralhos. Um de seus objetivos mais importantes é tornar o tarô acessível a quem desejar conhecê-lo e, quando não está trabalhando em projetos de tarô, ela lê, explora o mundo com sua esposa e cria artes. Entre em contato com ela pelo site: www. tarotshaman.com.

Sobre o Artista

Ciro Marchetti iniciou sua carreira na Inglaterra, graduando-se em uma escola de arte em Londres. Ele foi co-fundador da Graform International, empresa que cresceu e se tornou o maior grupo de design da América do Sul. Em meados dos anos 90, a firma se expandiu para os Estados Unidos e, sediada em Miami, passou a fornecer designs corporativos e serviços de branding a um portfólio de empresas multinacionais. Durante esse período, Marchetti também ensinou e palestrou sobre imagens digitais no Instituto de Arte de Fort Lauderdale e, desde então, segue uma carreira pessoal como ilustrador. Seu trabalho é licenciado e reproduzido em todo o mundo. Para comprar suas mercadorias com tema de tarô, incluindo roupas, bolsas, caixas e quimonos, e ver exemplos de sua eclética coleção de imagens, visite www. ciromarchetti.com.

GILDED
TAROT ROYALE

Tarô Dourado Real

BARBARA MOORE
Ilustrado por CIRO MARCHETTI

© Publicado originalmente em 2004 pela Llewellyn Publications.
© Publicado em 2020 pela Editora Isis.

Tradução e revisão de textos: Karine Simões
Projeto gráfico: Rebecca Zins
Ilustrações: Ciro Marchetti
Diagramação: Décio Lopes
Capa: Shannon McKuhen

DADOS DE CATALOGAÇÃO DA PUBLICAÇÃO

Moore, Barbara & Law, Stephanie Pui-Mun

Gilded Tarot Royale: Tarô Dourado Real/ Barbara Moore & Ciro Marchetti | 1ª edição | São Paulo, SP | Editora Isis, 2020.

1. Tarô   2. Oráculo   3. Arte divinatória   I. Título.

EDITORA ISIS LTDA
www.editoraisis.com.br
contato@editoraisis.com.br

Sumário

Introdução

$\mathcal{V}$ocê está prestes a embarcar em uma jornada. Com este livro e as belas imagens de Ciro Marchetti como guias, você descobrirá o incrível mundo do tarô e aprenderá sobre você, sua vida e suas escolhas. As ilustrações do Tarô Dourado irão atraí-lo e convidá-lo a explorar suas mensagens escondidas. É fácil se perder em encantadoras vinhetas e em detalhes tão maravilhosos.

Este livro é útil na medida em que apresenta informações e instruções práticas e claras que irão ajudá-lo a tirar o máximo proveito de sua experiência com o tarô. Primeiro, você aprenderá sobre a estrutura do baralho e seus significados básicos. Já no início, há uma explanação sobre a interpretação de cartas invertidas e a escolha de um significante. Há também instruções sobre como fazer uma boa pergunta. Ao final, você aprenderá a interpretar uma abertura e a criar seus próprios rituais.

Para ajudá-lo a desenvolver um relacionamento pessoal com as cartas e adicionar suas próprias camadas de significado ao padrão de interpretação, são fornecidos exercícios ao longo do livro. Essa é uma opção se você deseja expandir seus estudos de tarô, mas, se preferir, poderá ler as cartas usando as interpretações fornecidas.

Após uma visão geral dos conceitos básicos do tarô, você aprenderá os significados de todas as cartas, começando pelos Arcanos Maiores, seguidos pelos Arcanos Menores e, por último, as cartas da corte. O último capítulo lhe dará algumas aberturas para praticar.

Notas do Artista

$\mathscr{S}$empre fiquei intrigado com o simbolismo visual da astrologia e do tarô, temas bastante frequentes em meus trabalhos anteriores, e quando recebi uma proposta da Llewellyn sugerindo que eu criasse meu próprio baralho de tarô, parecia um projeto tão oportuno que me interessei imediatamente.

No entanto, após o entusiasmo inicial, logo ficou claro quanto trabalho isso representaria – não apenas no grande volume da criação de setenta e oito ilustrações, mas na tentativa de torná-las atraentes para a maioria da comunidade de tarô. O mérito de qualquer criação artística é, obviamente, subjetivo, mas, no caso do tarô, adicionado a isso, há a relação extremamente pessoal entre as cartas e aqueles que as interpretam e o histórico precedente de seu simbolismo e significado.

Antes de trabalhar no Tarô Dourado, anos atrás, colecionei alguns baralhos, mas meus conhecimentos sobre tarô ainda eram bastante limitados, o que eu precisava remediar. Decidi aproveitar essa falta de familiaridade para ler mais sobre o assunto e revisar vários baralhos para avaliar suas várias abordagens e estilos. Evitei deliberadamente qualquer estudo aprofundado, eu queria ser livre para visualizar minha própria interpretação da mensagem por trás de cada carta de maneira imparcial, com o mínimo de preconceito e influência por ter visto o trabalho de outras pessoas.

Outra decisão foi a de manter a abordagem razoavelmente tradicional. Fiquei impressionado com o número de baralhos originais e temáticos disponíveis e tive certeza de que não queria entrar para a lista. Entrei em vários fóruns de redes sociais e li pacientemente vários tópicos, gradualmente adquirindo uma melhor compreensão da comunidade de tarô. Cheguei à conclusão de que havia duas principais forças motrizes. A primeira e mais óbvia é que o baralho é um instrumento de leitura. Ele conversa com o dono. A segunda é que coleções comuns e populares de baralhos são obras de arte. Em resposta a ambos, estabeleci os seguintes objetivos: o baralho seria baseado e prestaria homenagem ao padrão Rider-Waite-Smith. Se a meta fosse alcançada, a maioria dos usuários estaria pelo menos em território familiar. Também tentaria torná-lo visualmente atraente ao incorporar vários toques pessoais para garantir que o personagem no baralho fosse único e não apenas mais um clone do RWS.

Algo recorrente durante grande parte do meu trabalho de ilustração foi a inclusão de dispositivos mecânicos imaginativos, aplicados a várias cartas dos Arcanos Maiores. Esses aparatos, que favorecem igualmente os mundos opostos da ciência e da magia, simples em sua construção e em seus movimentos mecânicos de engrenagens e rodas dentadas, são de uma era anterior e, embora não estejam no mundo dos microprocessadores e chips, são capazes de fazer maravilhas além da tecnologia atual.

A maioria das pessoas considera que os Arcanos Maiores usam a analogia da jornada do Louco – e, por associação, a jornada do consultante. Eu forneço o estágio da Mãe Terra no qual essa jornada e sua história podem ser contadas com ênfase visual no detalhe de árvores, folhas de grama e pedras, incluindo vários animais, pássaros e outras criaturas vivas, restabelecendo o plano terrestre em cada apresentação.

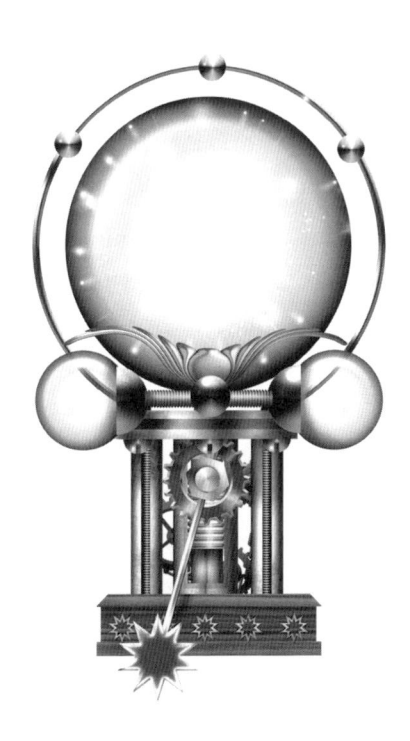

Em algumas cartas, os detalhes acrescentam riqueza e profundidade à narrativa, mas isso depende de cada leitor. No Dez de Espadas, a pungência da cena é acentuada pelas papoulas vermelhas, tradicionalmente associadas à lembrança e à comemoração daqueles que se foram.

A coruja no Nove de Espadas não apenas ressalta que a cena é como a noite, mas também seu olhar prospectivo, o que, de todos os pássaros, apenas a coruja é capaz de fazer. Sua chegada despertou a garota ou seu voo é apenas uma projeção do sonho dela?

No Seis de Espadas, a mulher segue sua silenciosa, e talvez secreta, jornada; ela aguarda com intento e propósito. Estaria ela escapando de alguma coisa? Em sua mente, será que ela está ciente do sapo que, como nós, testemunha sua viagem noturna?

No Nove de Copas, somos recebidos pela personificação de um jovial e acolhedor estalajadeiro. Aqui, existem bons espíritos de mais de uma maneira. Os barris ratificam a abundância e até o roedor que espia dentro das xícaras parece reconhecer seu conteúdo. Saúde!

No Dez de Copas, nós (ou, neste caso, eu, a figura masculina ausente) voltamos para casa depois de nossa jornada ou dia de trabalho. Saudando-nos, estão mãe, filha e gato brincalhão que compartilham de agradável passatempo, complementando uma cena idealizada de lar e domesticidade.

O Oito de Pentáculos mostra um aprendiz solitário trabalhando até altas horas da noite, que pelo menos compartilha da companhia de um amigo improvável.

As imagens do Tarô Dourado foram, originalmente, produzidas em 2003 utilizando-se, na época, recursos considerados inovações na arte digital. O resultado foi alcançado, mas também limitado pelo uso de um mouse como dispositivo de entrada e minha expertise até esse ponto. Durante os anos que se seguiram, o processo se tornou mais confortável e familiar. A introdução de canetas e tablets digitais combinados com programas cada vez mais sofisticados reproduzia de forma eficiente o trabalho feito com mídias tradicionais. Esses processos foram aplicados em todos os meus trabalhos subsequentes e especialmente na produção deste tarô, tornando-o não apenas uma variação do original, mas uma reformulação completa, com todas as cartas sendo totalmente repintadas. A essência e a composição básica do original foram mantidas, mas o estilo ilustrativo também foi aprimorado para revelar mais detalhes, desde pétalas de flores e uma silenciosa criatura semioculta aqui e ali a expressões faciais mais pungentes. Isso permite que camadas de significado sejam adicionadas para que o leitor possa utilizá-las para incorporar perspectivas e obter ideias. Aproveite a jornada!

O Básico

*V*ocê provavelmente está ansioso para conhecer seu novo baralho. Nesta seção, você encontrará uma breve introdução a sua estrutura que o ajudará a entender o significado das cartas em termos gerais. As seções posteriores o ajudarão a ter uma interpretação mais profunda. Pense nisso como o esboço dos significados das cartas. Os detalhes e as nuances virão com o tempo.

As Cartas

Lembre-se de que o tarô é muito pessoal e que as cartas são embaladas com muitos significados. Use este texto como um guia, mas deixe sua intuição ser a palavra final. Se algo aqui não fizer sentido, descarte. Adivinhação não é uma ciência difícil. Use os exercícios fornecidos para ajudar a descobrir os significados que você usará para suas próprias leituras. Um diário ou caderno será bastante útil para manter todas as suas anotações e observações em ordem. Ao longo deste livro, haverá exercícios para ajudá-lo a solidificar sua compreensão das cartas.

Setenta e oito cartas podem parecer muito para aprender. Dividir o baralho em seções facilita. A primeira divisão principal é feita em duas partes: os Arcanos Maiores (vinte e duas cartas) e os Arcanos Menores (cinquenta e seis cartas). *Arcana* significa "segredo" – então os Arcanos Maiores são os "grandes segredos". Em termos práticos, essas são as cartas que representam marcos importantes, grandes mudanças, eventos fora do nosso controle e crescimento espiritual. Os Arcanos Menores, ou "segredos menores", geralmente descrevem eventos, situações ou pessoas relacionadas à vida cotidiana. Uma característica importante dos Arcanos Menores é o controle pessoal, isto é, eles representam aspectos da sua vida sobre os quais você tem o controle.

Os Arcanos Menores

Os Arcanos Menores geralmente são muito simples de entender porque a maioria das pessoas já conhece a estrutura. Pense em um baralho de cartas: quatro naipes (Paus, Copas, Espadas e Ouros), com cada naipe tendo dez cartas numeradas de ás a dez e três cartas da corte (Rei, Rainha, Valete). Os Arcanos Menores são exatamente assim, com a adição de uma carta da corte para cada naipe. As cartas da corte do tarô refletem suas raízes medievais: Rei, Rainha, Cavaleiro e Pajem. Os naipes têm nomes e símbolos diferentes, mas ainda estão relacionados aos naipes de baralhos comuns (nomes alternativos estão entre colchetes):

- Paus [Varinhas, Paus, Trevo] = Paus
- Copas [Cálices, Coração] = Copas
- Espadas [Gládios, Lanças, Machados] = Espadas
- Pentáculos [Moedas, Estrela, Losangos] = Ouros/ Diamantes

Além de se relacionar com naipes de baralho, os naipes de tarô estão associados aos quatro elementos. Isso ajuda a definir a relação entre o naipe e nossa vida diária. A ilustração abaixo mostra os quatro naipes e a lista revela os elementos associados a cada naipe e os aspectos da vida que ele representa.

- Paus (esquerda). Fogo ou Ar. Carreira, projetos, inspiração.
- Copas (acima). Água. Emoções, relacionamentos, criatividade.
- Espadas (direita). Ar ou fogo. Desafios, intelecto, modos de pensar.
- Pentáculos (abaixo). Terra. Mundo físico, dinheiro, recursos.

Sete de pentáculo (acima)
e Três de Copas(abaixo)

Cada naipe dos Arcanos Menores está associado a uma área da vida. Todas as cartas estão numeradas e cada um desses números tem um significado.

- Ases: novos começos, oportunidade.
- Dois: equilíbrio, dualidade, momento decisivo ou escolha.
- Três: completude do processo, conquista.
- Quatros: estrutura, estabilidade, estagnação.
- Cincos: instabilidade, conflito, perda, oportunidade de mudança.
- Seis: comunicação, resolução de problemas, cooperação.
- Setes: reflexão, avaliação, motivos.
- Oitos: movimento, ação, mudança, poder.
- Noves: fruição, realização.
- Dez: conclusão, fim de um ciclo.

Usando essas informações, você já pode ter uma noção do significado de uma carta. Por exemplo, o Sete de Pentáculos poderia representar uma avaliação de recursos ou propriedades. Essa carta mostra uma mulher com uma cesta vazia. Ela pode estar contemplando o trabalho investido até agora e o que ainda está para ser feito. O Três de Copas pode indicar a conquista de relacionamentos. A imagem mostra três mulheres empoderadas e alegres por sua conexão. Sua amizade as torna mais do que seriam se estivessem sozinhas.

Enquanto as cartas numeradas mostram situações diferentes da vida cotidiana, as cartas da corte trazem personalidade a essas situações. Elas podem representar outras pessoas ou o consultante (a pessoa que faz a pergunta). Como as pessoas são complexas, as cartas da corte geralmente representam apenas um aspecto de alguém – a parte da pessoa envolvida na situação específica que está sendo investigada.

- PAJENS: novatos, ansiosos e entusiasmados, mas às vezes superficiais; podem indicar uma mensagem que o consultante receberá.

- CAVALEIROS: extremistas, muito focados (como um cavaleiro em uma missão); podem ser desequilibrados ou fanáticos; podem representar uma situação rápida.

- RAINHAS: maduras e reflexivas; alguém que nutre os outros; podem ser propensas à obsessão.

- REIS: maduros e expressivos; alguém que organiza e controla assuntos externos, às vezes às custas de assuntos internos ou pessoais.

$\mathcal{C}$oloque seus Arcanos Menores em ordem numérica. Olhe para cada um e conecte a imagem na carta às associações do naipe e do número conforme descrito acima. Escreva suas observações em um caderno. Observe se as conexões são óbvias ou sutis e os detalhes que capturam sua atenção. Anote por que uma imagem em particular o intrigou e como isso afeta o significado da carta para você.

Exercício 2

$\mathcal{O}$bserve suas cartas da corte. Pense na personalidade representada em cada carta. Combine cada uma com alguém da sua vida, observando comportamentos, características ou hábitos específicos que causaram a conexão em sua mente.

Os Arcanos Maiores

*O*s Arcanos Maiores são constituídos por vinte e duas cartas, numeradas de zero a vinte e um.

Assim como os Arcanos Menores estão associados a um elemento, os Arcanos Maiores estão conectados com o elemento do Espírito. Além de numerados, eles são nomeados da seguinte forma:

- 0   O Louco
- I   O Mago
- II   A Sacerdotisa
- III   A Imperatriz
- IV   O Imperador
- V   O Hierofante
- VI   Os Enamorados
- VII   O Carro
- VIII   A Força
- IX   O Eremita
- X   A Roda da Fortuna
- XI   A Justiça
- XII   O Enforcado
- XIII   A Morte
- XIV   A Temperança
- XV   O Diabo
- XVI   A Torre
- XVII   A Estrela
- XVIII   A Lua

XIX   O Sol

XX   O Julgamento

XXI   O Mundo

Os nomes dão alguma indicação do significado. Por exemplo, O Eremita significa reservar um tempo para se retirar do mundo e olhar para dentro. A Estrela traz esperança e orientação, uma luz para seguir nos tempos sombrios.

Exercício 3

Liste os significados ou associações que vêm a sua mente simplesmente com base no nome de cada carta dos Arcanos Maiores.

A Jornada do Louco

Assim como a divisão dos Arcanos Menores em naipes e o aprendizado sobre as combinações de naipes e números fornecem uma visão geral e uma introdução aos significados dessas cartas, aprender sobre a Jornada do Louco nos ajuda a conhecer os Arcanos Maiores. As vinte e duas cartas dos Arcanos Maiores representam uma jornada pela vida, de autodesenvolvimento e crescimento espiritual. Todos começamos como O Louco, a primeira carta dos Arcanos Maiores, embora todas as nossas jornadas sejam diferentes.

Para visualizar a Jornada do Louco, estenda as cartas, colocando-o sozinho no topo. Em seguida, coloque o restante das cartas em ordem numérica embaixo do Louco em três linhas de sete (1–7, 8–14 e 15–21).

1. A primeira linha mostra os passos que seguimos em nosso desenvolvimento básico, do nascimento à juventude, e no aprendizado de como viver em sociedade.

2. A segunda linha ilustra as leis ou regras universais da sociedade que devemos confrontar, questionar e chegar a um acordo; trata-se também de descobrir quem somos.

3. A linha final é o nosso desenvolvimento espiritual.

O LOUCO: marca o início da jornada como uma criança arquetípica, sem forma ou instrução, inocente e ansiosa.

O MAGO: representa o componente masculino, ou *animus*. É a nossa energia ativa ou expansiva, nossas habilidades no mundo exterior. Basicamente, é como aprendemos e fazemos as coisas.

A SACERDOTISA: encarna o componente feminino, ou anima. É a nossa energia passiva ou introspectiva, nossas habilidades relacionadas ao nosso mundo interior e à autorreflexão. Em resumo, é como pensamos ou nos sentimos sobre as coisas e aquilo que sabemos intuitivamente.

A IMPERATRIZ: representa o arquétipo da Mãe e nossa experiência com maternidade, nutrição, emoções e nosso impulso criativo.

O IMPERADOR: representa o arquétipo do Pai e nossa experiência com autoridade, razão e lógica.

O HIEROFANTE: é a nossa educação formal em nossa sociedade, incluindo escola, treinamento religioso e tradições culturais.

OS ENAMORADOS: em uma palavra, adolescência – nossa experiência com sexo, hormonios e nosso senso de identidade.

O CARRO: ilustra a capacidade de ver os dois lados de uma questão; encerra a fase do "mas isso não é justo!".
Uma vez que assimilarmos esses arquétipos em nosso "senso do eu", estaremos prontos para conviver em sociedade. Por vezes, incorporamos alguns desses elementos melhor que outros. Por exemplo, se alguém tem problemas com a mãe, pode não lidar muito bem com A Imperatriz.

A FORÇA: é onde aprendemos a controlar nossos instintos e impulsos, é quando nos tornamos donos de nós mesmos e desenvolvemos o autocontrole. Podemos querer festejar a noite toda, comer o buffet inteiro ou fazer compras até o cartão de crédito atingir o limite, mas sabemos que provavelmente será melhor se não satisfizermos todos esses desejos.

O EREMITA: é a necessidade de "nos encontrarmos", olharmos para dentro, questionando tudo o que aprendemos e tentando encontrar uma sensação de paz interior.

A RODA DA FORTUNA: justamente quando nos sentimos centralizados e equilibrados, nossa determinação é testada por um giro do destino. Algo acontece além do nosso controle ou da nossa capacidade de previsão.

A JUSTIÇA: Após o giro do destino, descobrimos como nos saímos e percebemos que colhemos o que plantamos. Se estivéssemos bem preparados, sairíamos abalados, mas estaria tudo bem. Caso contrário, talvez seja preciso revisitar a fase Eremita da Jornada – ou seguir em frente...

O ENFORCADO: mostra a força e o poder de deixar fluir e apreciar a vista de uma perspectiva diferente. Esta carta também nos mostra a importância do sacrifício, que vale a pena sacrificar algumas coisas e que nem sempre podemos ter tudo – pelo menos não da maneira como planejamos.

A MORTE: justamente quando nos sentimos à vontade em estarmos em sua situação difícil, somos confrontados com uma grande mudança em nossas vidas. Pode ser qualquer acontecimento importante, positivo ou negativo: uma promoção inesperada, o fim de um relacionamento, mudança para um novo lugar.

A TEMPERANÇA: depois de passar por uma experiência transformacional, aprendemos a ser equilibrados e tolerantes, a nos adaptar às mudanças das circunstâncias, mantendo nosso centro, nosso senso do eu. Passamos por uma fase muito difícil do nosso desenvolvimento. Enfrentamos a morte de alguma forma. Aprendemos a ser resilientes e a nos adaptar às circunstâncias não nos opondo à aparente injustiça do universo. O que mais poderíamos fazer?

O DIABO: intrigante, poderoso, envolvente, agora somos convidados a confrontar nossos demônios, aspectos sombrios de nós mesmos que tememos e que podem nos controlar de maneiras sutis. Esses podem ser aspectos que aprendemos a controlar ou reprimir na carta A Força. Temê-los funcionou por um tempo, antes de termos o conhecimento e a experiência para ignorar e reprimir essas sombras. Agora precisamos revisitá-las, aprender a apreciar as qualidades positivas que elas podem trazer para nossas vidas e assimilá-las adequadamente.

A TORRE: embora sintamos que temos o controle de nós mesmos, o universo nos lembra de que não estamos no controle de tudo. A Torre traz um raio dos céus que estremece nossa base. Diferentemente das cartas A Roda da Fortuna e A Morte, em vez de perturbar as circunstâncias externas de nossas vidas, A Torre abala os fundamentos de nossos sistemas de crenças.

A ESTRELA: fornece orientação, esperança e otimismo após eventos cataclísmicos, dando-nos a força necessária para reconstruir nossos alicerces.

A LUA: enquanto A Estrela nos guia em nosso caminho, A Lua nos ensina a questionar tudo e perceber que as coisas nem sempre são o que parecem. À luz da Lua, podemos nos perder ao nos distrairmos com sedutoras sombras, mas também há a possibilidade de termos sonhos inspiradores. É preciso aprender a reconhecer as diferenças.

O SOL: depois de vagar na Lua, emergimos para o Sol com mais força e autoconhecimento confiando em nossas crenças, em nosso discernimento do que é real e com a certeza de que nos conhecemos.

O JULGAMENTO: convida para uma realização espiritual mais profunda. Muitas vezes, é um chamado à ação, ao compartilhamento de conhecimento ou experiência com outras pessoas.

O MUNDO: é o fim do ciclo; aprendemos todas as nossas lições e alcançamos integração, equilíbrio e consciência espiritual.

Exercício 4

Olhe para cada carta dos Arcanos Maiores e anote uma situação ou experiência de sua própria vida que o lembre cada passo da Jornada do Louco.

Cuidados e armazenamento

Existem muitos mitos e superstições sobre cartas de tarô. Você pode ter ouvido alguns deles: não se pode comprar suas próprias cartas, elas devem ser dadas a você; deve-se embrulhá-las em seda e mantê-las em uma caixa de carvalho; não se deve deixar os outros tocarem suas cartas. A maioria das pessoas não dá muita importância a essas crendices. Seu relacionamento com suas cartas é pessoal e deve ser determinado por suas crenças e pelo que funciona para você.

Existem duas linhas de pensamento sobre deixar outras pessoas tocarem suas cartas. Alguns preferem que ninguém mais toque suas cartas porque eles não querem que a energia de mais ninguém as influencie. Outros acreditam que o consultante deve tocar as cartas, geralmente embaralhando-as, para obter uma leitura precisa. Às vezes, depois que alguém manipula as cartas, elas são colocadas em ordem novamente, como forma de limpar o baralho e prepará-lo para a próxima leitura.

Algumas pessoas limpam seus baralhos regularmente, especialmente se tiverem feito várias leituras ou, esporadicamente, depois de terem feito uma leitura que tratou de um problema profundamente preocupante. A limpeza pode ser feita, como mencionado acima, colocando as cartas em ordem. Você também pode passar as cartas pela fumaça de um bastão de sálvia em chamas, guardar o baralho com uma pedra ou cristal com propriedades de limpeza, como quartzo rosa, ou deixar que as cartas fiquem à luz da Lua cheia (sempre dentro de casa!) .

Além da limpeza, algumas pessoas acreditam que o tecido de seda e o carvalho têm qualidades protetoras e é por isso que elas guardam suas cartas nesses materiais. Outras pessoas armazenam suas cartas com pedras preciosas, cristais ou ervas que transmitem qualidades que buscam como leitor, como cura, clareza de visão, sabedoria, etc. No mínimo, convém manter suas cartas em uma caixa para garantir que todas fiquem juntas e que nenhuma seja perdida. Algumas pessoas decoram a caixa ou bolsa com símbolos ou runas que representam sabedoria, discernimento, habilidade de comunicação, etc.

O cuidado e o armazenamento são uma combinação de crenças pessoais e praticidade. Tente métodos diferentes até encontrar os mais confortáveis e eficazes para você.

Adivinhação

Adivinhação, previsão do futuro, vidência, que noções inebriantes e sedutoras! Mas, a menos que você acredite que o futuro está definido, que tudo é predeterminado e que você não tem livre-arbítrio, o futuro não pode ser previsto, certo? Bem, sim e não. Se certos eventos são acionados, é provável que haja um resultado. Imagine a previsão do tempo. Quanto mais longe for uma previsão, mais coisas acontecerão para alterá-la. Por isso a previsão diária é sempre mais precisa do que a de sete dias e mesmo sendo feita no dia, imprevistos podem mudar o clima muito rapidamente.

Uma leitura de tarô, ou adivinhação, é mais eficaz se usada como uma previsão do tempo. Pode indicar o que provavelmente acontecerá se todas as coisas permanecerem como estão e fornecer uma imagem clara de todos os elementos envolvidos e como eles afetam uns aos outros. Mas, diferentemente da previsão do tempo, o tarô também pode ajudá-lo a determinar seu melhor curso de ação nos eventos sobre os quais você tem controle. Como o tarô atua como uma ponte entre as partes subconsciente e consciente da sua mente, ele pode ajudar a esclarecer seus pensamentos e sentimentos em relação a uma situação. O tarô também é uma ferramenta espiritual, servindo como uma conexão entre você e o divino, fornecendo orientação em tempos de turbulência. Em resumo, ele pode fornecer informações sobre uma situação e ajudá-lo a encontrar respostas ou a tomar melhores decisões.

Fazendo a pergunta

Buscar respostas ou informações nem sempre é fácil. Uma pesquisa na internet usando a palavra-chave errada geralmente termina em frustração. Não pedir orientações específicas pode nos levar a outro lugar que não o nosso destino. Podemos facilitar as coisas para nós mesmos ao perceber que obter a melhor e mais útil resposta depende, em grande parte, da melhor pergunta.

Trabalhando com a ideia de que o futuro não é predestinado, a formulação da pergunta ganha mais importância do que o desejo de acessar informações com eficácia. A construção cuidadosa da questão é o primeiro passo para uma leitura bem-sucedida do tarô. Às vezes, o ato de examinar as palavras escolhidas lhe dirá tanto sobre a situação e sobre si mesmo quanto a própria leitura do tarô. Imagine que você está namorando alguém chamado Matt. As respostas para as perguntas "Vou me casar com Matt?" ou "Devo me casar com Matt?" realmente não fornecem nenhum insight. Em vez disso, considere por que você está fazendo essas perguntas. Você quer se casar com Matt? Por quê? Se não tiver certeza, quais são os problemas que incomodam você? Você acha que o Matt não quer se casar com você? Por quê?

Considere por que você está consultando o tarô sobre seu relacionamento com Matt. Quais são as suas dúvidas e preocupações? Você tem uma noção clara do seu objetivo no relacionamento? Se sim, você vê obstáculos? Em resumo, você precisa ter clareza sobre o que quer saber e por quê. Depois de refletir sobre a situação, você pode criar uma pergunta para atender às suas necessidades. Digamos que Matt esteja interessado em se casar com você, mas você não tem certeza do que deseja e não sabe o motivo. Há uma dúvida persistente que você não pode identificar. Uma possível pergunta poderia ser "Qual é a raiz da minha incerteza sobre o casamento com Matt?" A resposta a essa pergunta talvez possa levar a outra pergunta. Depois que o problema for identificado, você poderá explorar possíveis soluções ou ações em resposta ao seu novo conhecimento.

Vamos mudar o cenário. Neste, você tem certeza de que quer se casar com Matt. Ele, no entanto, tem suas dúvidas. Ele não pode ou escolhe não discuti-las. O que você pode fazer? Muitos leitores consideram antiético ler sobre outras pessoas ou para elas diretamente sem seu consentimento. Se Matt consentir, vocês dois podem fazer uma pergunta e consultar o baralho juntos. Caso contrário, você deve pensar mais sobre o que deseja na situação atual. Se Matt não estiver disposto a se comprometer, você deseja permanecer no relacionamento? Se não tiver certeza, pergunte às cartas "Quais são os prós e os contras de permanecer nesse relacionamento?" Ou você pode perguntar o que pode fazer para facilitar uma comunicação mais aberta entre vocês dois.

Às vezes, você não tem uma pergunta específica. De vez em quando, as pessoas sentem uma vaga sensação de desconexão, desequilíbrio. Tudo pode parecer bom, mas sob a superfície há algo faltando. Assim como há momentos em que você pode meditar ou orar apenas para desfrutar da sensação de paz para ouvir a voz calma que às vezes acompanha seu espírito, há momentos em que o tarô tem algo para comunicar. Durante esses períodos, quando a análise falha e sua intuição parece estar atingindo sua cabeça com um taco de beisebol, é melhor simplesmente perguntar às cartas "O que eu preciso saber agora?"

Exercício 5

Escreva uma pergunta que gostaria que fosse respondida. Não faça nenhum juízo de valor, apenas escreva-a quando ela aparecer em sua mente. Ela está sendo escrita de forma que você se sinta empoderado ou vítima da situação? Reescreva a pergunta de maneiras diferentes. Tente esclarecer o que você quer que aconteça ou peça direcionamento sobre quais medidas que você pode tomar para alcançar o resultado desejado.

Depois de formular sua pergunta, você precisará selecionar uma abertura para sua leitura. Enquanto a pergunta molda a base da resposta, a abertura molda a estrutura ou a forma que virá essa resposta. Compreender o papel de uma abertura em uma leitura e escolher a certa é tão importante quanto entender e formular sua pergunta.

O que é uma abertura de tarô?

A maioria das pessoas conhece a prática de embaralhar as cartas e colocá-las em algum tipo de padrão (chamado de abertura ou tiragem). Essa ordem fornece uma estrutura para a sabedoria do tarô emergir e o leitor formar uma resposta. Cada posição representa um aspecto diferente da pergunta, como "a carta que aparece nesta posição representa você» ou «a carta que aparece aqui indica o possível resultado". Você pode usar uma abertura já criada, como a Cruz Celta (uma das mais populares), ou projetar sua própria abertura – ou usar uma combinação das duas.

O uso de uma abertura já criada tem suas vantagens, especialmente para iniciantes que podem sentir que estão aprendendo muito de uma vez só. Se for esse o caso, use uma abertura predefinida. Esteja ciente de suas limitações. Existem livros de aberturas disponíveis (por exemplo, *How to Use Tarot Spreads,* de Sylvia Abraham). No final deste livro, você também encontrará uma coleção de aberturas que podem ser úteis. Você pode examiná-las e escolher uma que melhor atenda às necessidades da sua pergunta. Se você estiver interessado em criar suas próprias aberturas, sinta-se à vontade para experimentar por conta própria, usando a pergunta para direcionar o formato da abertura ou modificando uma existente para refletir com mais precisão sua pergunta. Para mais informações, consulte *Designing Your Own Tarot Spreads,* de Teresa Michelsen.

Significante

Em algumas aberturas, como a Cruz Celta, existe uma posição para a carta significante. Ela representa o consultante e é usada como foco principal, mas geralmente não é incorporada à leitura, embora haja dois casos que serão discutidos mais adiante em que pode ser benéfico incluí-la.

Tradicionalmente, um significante é selecionado através de uma das seguintes maneiras:

- Simplesmente use O Mago para representar um consultante masculino e A Sacerdotisa para representar um consultante feminino.

- Selecione uma carta da corte para representar o consultante com base na aparência física e na idade, usando as listas abaixo.

- Selecione uma carta da corte com base no signo astrológico e na idade, usando as listas abaixo.

- Selecione uma carta da corte com base na personalidade e na idade, usando as listas abaixo.

Aparência física

PAUS: pele clara, com cabelos loiros e olhos azuis.

COPAS: pele clara a média, com cabelos castanho-claros e olhos azuis ou castanhos.

ESPADAS: pele morena, com cabelos escuros e olhos claros.

PENTÁCULOS: pele escura com cabelos e olhos escuros.

Signo astrológico

PAUS: Áries, Leão, Sagitário (signos de fogo).

COPAS: Câncer, Escorpião, Peixes (signos de água).

ESPADAS: Gêmeos, Libra, Aquário (signos de ar).

PENTÁCULOS: Touro, Virgem, Capricórnio (signos de terra).

Personalidade

PAUS: uma pessoa intensa, passional e enérgica.

COPAS: uma pessoa emotiva e criativa.

ESPADAS: uma pessoa intelectual e lógica.

PENTÁCULOS: uma pessoa prática e realista.

Idade

PAJEM: uma criança ou jovem mulher.

CAVALEIRO: um jovem.

RAINHA: uma mulher madura.

REI: um homem maduro.

Esses métodos têm suas limitações. Em primeiro lugar, a escolha de tirar essa carta do baralho para que não possa aparecer na própria leitura é particularmente ruim no caso de se usar O Mago ou A Sacerdotisa – duas cartas muito importantes dos Arcanos Maiores. Selecionar uma carta da corte também pode ser problemático porque, no caso da descrição física, nem todas as combinações possíveis são contabilizadas. Se você usar o quarto método, que pessoa é completamente lógica ou emotiva? As cartas da corte geralmente representam um aspecto de uma personalidade; portanto, escolher uma para representar uma pessoa é simplificar demais. Por outro lado, você pode selecionar como a pessoa se sente em relação à pergunta. Por exemplo, se ela normalmente é muito racional, mas se sente excessivamente emotiva com a situação em questão, você pode selecionar uma o naipe de Copas em vez de Espadas.

Duas outras maneiras de selecionar cartas significantes ganharam popularidade e podem realmente ser úteis em termos da própria leitura. A primeira é deixar o baralho selecionar a carta. Ou seja, embaralhe as cartas e use a que estiver no topo como significante. Nesse método, o significante pode mostrar como o consultante se sente ou o papel que ele desempenha na situação. Além disso, ele pode ser lido como outro aspecto da segunda carta na Cruz Celta, que também representa o consultante.

O segundo método funciona bem com alguém que não está familiarizado com as cartas. Deixe o consultante percorrer todo o baralho e escolher uma carta que ele acha que representa a si mesmo. Isso pode fornecer informações interessantes sobre como a pessoa se vê na situação e pode ser lida em conjunto com a carta oito na Cruz Celta, que representa como o consultante se vê.

Brinque com os vários métodos e veja o que funciona. Você pode desconsiderar completamente as cartas significantes ou pode até desenvolver seu próprio método para selecioná-las.

Exercício 6

*E*scolha um significante para si mesmo usando cada um dos métodos descritos acima. Compare as cartas que surgiram em cada instância. Qual parece mais precisa? Por quê? Tente selecionar significantes para outras pessoas que você conhece. Veja se algum método fornece resultados consistentemente mais precisos.

Reversões

Do mesmo modo que alguns leitores usam significantes e outros não, algumas pessoas leem cartas invertidas. As cartas invertidas são aquelas que aparecem na abertura de cabeça para baixo. Alguns acreditam que as setenta e oito cartas do tarô já representam uma gama completa de experiências humanas e reversões apenas servem para complicar e confundir. Os iniciantes no tarô geralmente se sentem intimidados ao ter de aprender outro conjunto de setenta e oito significados, enquanto outros argumentam que o uso de reversões adiciona profundidade, sutileza e precisão a uma leitura, e que as reversões são uma maneira de ajustar suas interpretações.

Assim como os significantes, esta é uma decisão que você deve tomar sozinho. Se você optar por não ler as reversões e as cartas aparecerem de cabeça para baixo na sua abertura, simplesmente vire-as com o lado direito para cima. Muitos leitores de tarô experientes recomendam que você se familiarize com as cartas na vertical antes de tentar significados invertidos. Se você desejar incluir significados invertidos em suas leituras, será preciso tomar outra decisão: como interpretará as reversões? É necessário que se use uma teoria coerente que determine os significados invertidos. Se você escolher um método específico, que simplesmente modifique o significado da carta na vertical, seu trabalho será muito mais fácil porque você não aprenderá setenta e oito novos significados, simplesmente modificará os significados corretos de alguma maneira.

Os especialistas em tarô oferecem muitas práticas diferentes para interpretar as cartas invertidas. O trabalho mais abrangente sobre esse assunto é o livro *Complete Book of Tarot Reversals*, de Mary K. Greer. Se você está interessado em reversões, este livro é altamente recomendado. No momento, porém, vamos examinar algumas possibilidades simples de experimentar. O primeiro e mais óbvio método é dizer que a carta invertida significa exatamente o oposto do significado da carta na vertical. Outra opção é dizer que a energia representada pela carta vertical está bloqueada ou pode sofrer algum atraso. Um recurso que muitos leitores consideram útil é dizer que a carta invertida é o mesmo que a carta na vertical, mas, ao aparecer invertida, indica que deve ser dada uma atenção especial a ela. Outra opção é usar o aspecto extremo e negativo do significado de cada carta. Tente métodos diferentes e veja qual deles funciona para você. Depois de escolher uma prática, mantenha-se consistente.

Exercício 7

𝒮elecione três cartas com as quais se sinta confortável. Tente interpretá-las como reversões em cada um dos métodos descritos. Qual método lhe pareceu certo? Por quê?

Realizando uma leitura

Depois de formular sua pergunta, selecionar sua abertura, tomar suas decisões sobre significantes e reversões e ter algum nível de confiança sobre como interpretar as cartas, você estará pronto para começar a fazer as leituras. Você precisará misturar as cartas embaralhando-as da maneira que for confortável para você ou colocando-as na mesa e misturando-as como se estivesse brincando com tinta com os dedos. Concentre-se na sua pergunta enquanto mistura as cartas. Quando estiver pronto, coloque-as em uma pilha organizada e vá pegando as cartas uma a uma do topo do baralho ou simplesmente espalhe-as com a face para baixo e selecione cada carta.

Disponha cada carta na ordem indicada pela abertura. Você pode colocá-las com a face para baixo para ver apenas o verso, ou pode colocá-las com a face para cima, para ver o que todas as cartas são imediatamente. Existem benefícios para ambos os métodos. Se elas estão viradas para baixo e você as vira uma de cada vez, a sensação de mistério e excitação aumenta e há a vantagem de você se concentrar mais facilmente em cada carta à medida que é revelada. Ao colocar as cartas com a face para cima, você terá a oportunidade de ver a abertura como um todo antes de começar a ler individualmente. Isso pode ser útil para determinar o tema da resposta. Por exemplo, muitas cartas dos Arcanos Maiores podem indicar um foco muito espiritual; muitas Copas podem mostrar uma situação muito emocional; vários Ases podem indicar novos começos. Às vezes, símbolos ou cores também podem comunicar a resposta. Se você vir muito vermelho, isso pode indicar uma situação ardente, apaixonada ou volátil.

Depois de distribuir as cartas, comece a interpretá-las, lembrando-se da posição em que cada carta está, pois isso afeta a interpretação. Quando terminar, você poderá anotar sua leitura em um diário ou caderno e verificar se determinadas cartas continuam aparecendo em suas leituras. Você também poderá voltar às suas anotações para avaliar a precisão de sua leitura ao interpretar a abertura e sua objetividade. Quanto mais se pratica, mais fácil fica. Mesmo que sua objetividade não seja o que você espera no momento, você pode desenvolvê-la. Ao revisar suas leituras e ver de que maneira o que você queria afetou sua interpretação, você estará melhor preparado para isso no futuro.

Ao anotar suas leituras, você também verá como suas habilidades mudam e melhoram. Fazer uma leitura não é difícil, mas requer prática. Você precisa conhecer os significados das cartas e saber analisá-las na abertura, levando em consideração suas posições para formar uma história coerente.

Exercício 8

Antes de fazer uma leitura, tente este exercício como um aquecimento. Usaremos uma abertura comum de três cartas, em que todas estão dispostas em uma linha horizontal. A primeira carta representa o passado, a carta do meio, o presente, e a última carta, o futuro. Neste exercício, no entanto, teremos as posições que representam o começo, o meio e o fim de uma história. Embaralhe suas cartas e posicione-as. Invente uma história usando as três cartas em ordem. Fazer este exercício o ajudará a enxergar a fluidez das cartas como um todo, em vez de vê-las como partes não conectadas.

Os toques finais

Agora você tem as ferramentas necessárias para fazer adivinhações. Talvez o processo não seja tão teatral ou misterioso quanto você esperava. Talvez você queira um pouco mais de drama. Embora pequenos extras certamente não sejam necessários, eles não atrapalham. De fato, eles podem ser úteis. Os rituais, simples ou elaborados, ajudam a mente a se concentrar e podem fornecer energia útil e positiva. Aqui estão algumas ideias que você pode querer experimentar:

- Crie um espaço para sua leitura, definindo a atmosfera. Queime velas e/ou incensos selecionados para inspirar a concentração, comunicação ou união com o divino. Tenha representações físicas dos naipes por perto como um lembrete para buscar equilíbrio em suas leituras: uma vela ou um galho para o naipe de Paus (Fogo); um cálice ou um copo de água para o naipe de Copas (água); uma pequena faca, uma pena ou um incenso para o naipe de Espadas (ar); e uma pedra ou um pouco de terra para o naipe de Pentáculos (Terra).

- Encontre seu centro e aterre-se. Respire fundo algumas vezes, ore ou medite antes ou enquanto embaralha as cartas.

- Crie um ritual para embaralhar seu baralho. Muitos leitores optam por embaralhar sete vezes, porque sete é um número místico e porque certifica que a distribuição das cartas fique aleatória. Algumas pessoas gostam de cortar o baralho em três pilhas e depois reuni-las em qualquer ordem antes de distribuir as cartas.

- No final da leitura, guarde o seu baralho para a próxima vez, limpando-o ou guardando-o com pedras, cristais ou ervas. Se você guardar seu baralho embrulhando-o em um pano que seja grande, use-o sobre a mesa para colocar suas cartas quando for fazer uma leitura. Uma dica: não escolha um tecido muito colorido ou muito estampado, pois ele pode competir visualmente com as imagens nas cartas. As cartas devem ser seu foco principal.

Os Arcanos Maiores

As imagens e os significados em cada carta de tarô são complexos e às vezes contraditórios. Eles estão relacionados a várias definições, que vão de um extremo a outro. Por exemplo, uma mãe pode cuidar e nutrir seus filhos, o que é visto como positivo, no entanto, se a atitude da mãe for muito possessiva ou obsessiva, o cuidado pode se transformar em controle e dominação. Para cada carta, você lerá uma descrição e um significado geral seguidos de perigosos extremos que também fazem parte do significado da carta.

Exercício 9

Conforme você lê cada carta, observe e anote o que a imagem comunica ou não a você. Compare essas observações com as anotações feitas no exercício 3. Como elas são semelhantes e como se diferem? Anote uma experiência em sua vida relacionada a cada carta.

0, O Louco

O Louco está no começo de sua jornada. Todas as possibilidades e aparentes contradições ocorrem neste momento. Os signos do zodíaco que ele manipula de maneira tão descuidada indicam tanto a ciência dos céus quanto a vastidão da imaginação humana. Esses símbolos representam todos os tipos de traços de personalidade. Qual deles ele vai eliminar? Ele fará essa escolha importante ou ela será feita por acaso? Ele está brincando quando deveria estar falando sério ou sua traquinagem está cheia de sabedoria? Por falar nisso, esse aro de ouro a seus pés é algo que ele deveria estar prestando atenção ou é uma possível distração? O Louco não sabe e nem se importa. Ele vive o momento. Cheio de admiração e curiosidade, ele não está preocupado com o destino da jornada, embora seu cachorrinho possa não concordar com isso.

A mensagem do Louco é sobre escolhas não convencionais. É sobre dar um salto de fé. Adote uma atitude divertida em uma situação séria. Você está em uma encruzilhada e não tem como saber onde cada estrada terminará. Escolha uma que atinja a sua imaginação e comece com coragem e leveza no coração. Prepare-se para enfrentar todos os desafios com confiança.

Fique atento a descuidos e tolices. Há uma diferença entre correr riscos e entrar de cabeça em algo desconhecido. Um comportamento imprudente pode levar a um longo caminho de infelicidade.

I, O Mago

O Mago é um homem sóbrio em um negócio sério. Mestre da magia, ele também é uma espécie de homem da ciência. Ao contrário do Louco, ele está plenamente ciente das leis de causa e efeito, ações e consequências, do poder de sua vontade e da importância de suas escolhas. Ao focar em sua vontade, ele controla os poderes elementais representados por Paus, Copas, Espada e Pentáculo, que são suas ferramentas. Ao aprender a controlar sua vontade e os elementos, ele pode realizar o que quiser.

A mensagem do Mago é sobre disciplina e responsabilidade. Você tem o poder dentro de si para realizar o que quiser. Você tem as ferramentas necessárias à sua disposição. Concentre-se em sua vontade e aprimore suas habilidades.

Fique atento ao controle e à manipulação. O poder pode cegá-lo ao que é apropriado. Lembre-se do estereótipo negativo do Mago como charlatão ou vigarista.

II, A Sacerdotisa

A Sacerdotisa fala do desconhecido e das contradições. Enquanto seu rosto está mascarado, seu corpo está vestido com um traje transparente. Ela flutua com o dedo do pé mal percorrendo as águas do subconsciente enquanto levanta a cabeça em direção ao céu, como se quisesse beber de sabedoria sobrenatural. Ela existe entre dois pilares rotulados J (Jaquim – início) e B (Boaz – negação). O céu noturno atrás dela sugere tanto o mistério poético da Lua quanto os cursos logicamente traçados dos corpos celestes. Ela seduz; ela promete conhecimento; ela pode ser perigosa. Devemos aceitar sua energia e sabedoria com cautela.

A mensagem da Sacerdotisa é sobre um tipo de conhecimento que está além da lógica. Preste atenção à sua intuição e reconheça que existem diferentes maneiras de saber. Embora as estrelas e os planetas do céu noturno possam ser mapeados e compreendidos racionalmente, esse mesmo céu nos inspira de maneiras estranhas à razão.

Fique atento para não ficar muito tempo nos reinos inebriantes da Sacerdotisa. Você deve pegar sua inspiração e traduzi-la em ação. Honre a musa, mas não a torne sua escrava.

III, A Imperatriz

A Imperatriz sucede A Sacerdotisa, assim como a inspiração é idealmente sucedida pela manifestação. Cercada por símbolos astrológicos que representam as possibilidades da vida, seu cinturão vermelho e seu cabelo ardente falam de paixão e sensualidade terrenas. Suas mangas esvoaçantes azul e verde representam emoção e vida. Ela é coroada com margaridas que estão espalhadas pelo mundo como estrelas espalhadas pelo céu noturno. Sua ação é amplamente interna e provedora, cercada de sentimentos. Ela é o arquétipo da Mãe, de quem toda a vida flui. Ela segura um círculo com uma cruz, um símbolo do feminino e também um símbolo do equilíbrio de opostos – tanto a ideia quanto a forma física da ideia. No nível mais básico, ela é o epítome do amor e o nascimento de uma vida resultante desse amor.

A mensagem da Imperatriz é sobre criação e paixão. Você está em posição de nutrir e dar à luz um projeto. Aproveite a energia da Mãe Terra e comemore seus bons frutos. Reconheça, honre e celebre seus sentidos, o mundo físico e a natureza.

Fique atento para manter um equilíbrio saudável. Não deixe que suas emoções ou ações se tornem obsessivas ou controladoras e não permita que ocorra uma manifestação caótica por tentar fazer demais. Um jardim precisa de um cultivo cuidadoso e amoroso – muito ou pouco perturba o delicado equilíbrio da beleza.

IV, O Imperador

*D*e muitas maneiras, o Imperador é a imagem invertida da Imperatriz. Talvez o mais óbvio seja a reversão da cor de suas roupas. O vermelho apaixonado da roupa do Imperador é externo, assim como suas ações. Ele não está cercado pelos glifos abstratos da Imperatriz, mas por representações mais realistas dos signos do zodíaco. Ele segura itens que representam o funcionamento diário da sociedade humana. Embora movido por um desejo sincero do que é melhor para todos, como indicado por sua vestimenta branca, ele está mais preocupado com o funcionamento realista da vida cotidiana. Em nível social, ele procura criar estabilidade para que a sociedade possa alcançar seu bem mais elevado. Como arquétipo do Pai, ele deseja dar a seus filhos uma base sólida, permitindo-lhes alcançar o melhor.

A mensagem do Imperador é sobre estabilidade saudável. Crie um ambiente que permita que você funcione da melhor maneira possível. Procure uma ordem que funcione bem em sua vida em relação a sua casa, seu local de trabalho e seus relacionamentos. Aprecie as regras da sociedade que permitam uma vida tranquila e serena.

Fique atento às regras e aos regulamentos sufocantes e estagnados. Criar ordem em sua vida simplesmente por uma questão de ordem é limitante, e não libertador. Aprenda quando for hora de questionar as obrigações e costumes da sociedade.

V, O Hierofante

*U*m líder e professor vestindo roupas indicando sabedoria quase desaparece em segundo plano. O vitral que o envolve lembra as grandes catedrais do passado, incríveis poemas de vidro e pedra alcançando o céu. Este é um símbolo adequado para representar as maiores realizações da humanidade em entender os mundos físico e espiritual. Uma visão do universo – de tudo o que há para saber, tanto física quanto espiritualmente – está além. Olhando para esses elementos em três níveis, vemos em segundo plano o universo cognoscível, depois a compreensão e a utilização desse conhecimento pela humanidade e, finalmente, a transmissão desse entendimento feita de forma individual por meio de educação formal e treinamento religioso.

A mensagem do Hierofante nos lembra os maravilhosos feitos da humanidade e os grandes recursos de conhecimento que estão disponíveis para nós. Respeite as realizações das gerações passadas. Use esse conhecimento para produzir utilidade e beleza. Não despreze a tradição de imediato, veja que coisas maravilhosas ela tem a oferecer.

Fique atento para não seguir a tradição cegamente. Não aceite todo e qualquer conhecimento sem questioná-lo; em vez disso, questione a autoridade. Certifique-se de que todas as crenças e práticas fazem sentido em seu coração e mente antes de torná-las parte de sua vida.

VI, Os Enamorados

$\mathcal{U}$ma união perfeita e apaixonada nasce, romântica e idealizada, das águas do nosso subconsciente e dos nossos sonhos. Mais que romance, mais que homem e mulher, vemos aqui os elementos necessários para alcançar essa união. O casal está com o corpo parcialmente imerso na água, mostrando uma profunda conexão de suas emoções. As roupas vermelhas do guerreiro e o intenso laranja e vermelho do horizonte envolvem a cena com uma paixão ardente. A beleza e o desprendimento da mulher sugerem sensualidade terrena. Os entalhes nas pilastras indicam pensamento abstrato e comunicação, características do elemento ar. O movimento ascendente do casal e o olhar da mulher em direção aos céus ilustram maior enfoque no reino espiritual.

A mensagem dos Enamorados nos diz para fazermos escolhas boas e equilibradas. De fato, o nome original dessa carta nos primeiros baralhos de tarô era A Escolha e mostrava um homem escolhendo entre duas mulheres. Considere todos os aspectos antes de se comprometer com qualquer decisão. Faça boas escolhas e construa uma base que possa ajudá-lo a alcançar seus melhores sonhos.

Fique atento para não deixar um elemento de uma escolha ofuscar todo o resto. Um relacionamento baseado em atração física, uma decisão de carreira com apenas uma referência ou uma oportunidade de comprar uma casa com acomodações decadentes pode não ser a melhor escolha a longo prazo.

VII, O Carro

O Carro é uma carta de vitória. O medalhão em formato de Sol no topo da carruagem indica imenso foco e poder da mente da mulher. Embora o conceito de vitória pareça bastante direto, esta carta está cheia de contradições. Uma mulher de roxo conduz uma carruagem. Em vez de cavalos, vemos duas esfinges, que frequentemente simbolizam enigmas. Suas cores prata e ouro representam ideias opostas. A mulher parece estar conduzindo este imóvel transporte sem rédeas. Sim, esta é uma carta de vitória, por isso ela tem o controle, conquistado talvez apenas pela força da vontade. Mas ela não resolveu o enigma das ideias opostas. Ela tem conquistas, mas não o entendimento.

A mensagem do Carro é sobre de força de vontade e controle. Reconheça sua própria força e capacidade de manter a ordem em meio ao caos. Saiba que você pode conseguir mais do que pensa. Celebre suas realizações.

Fique atento para reprimir problemas ou se afastar de ideias que o intrigam. Depois de atingir seus objetivos, não pare completamente, pensando que acabou. Sempre há mais para aprender e realizar.

VIII, A Força

Uma mulher com um grande senso de propósito caminha ao lado de um leão. Há uma corrente frouxamente enrolada em volta do pescoço do felino sustentada sem muita firmeza pela mão da mulher. O leão representa o instinto animal dela. Esses instintos não a conduzem nem a forçam a nada. Eles estão lá, como uma reserva de força, poder e coragem, para sempre que ela precisar deles.

A mensagem de Força lembra que você tem mais força, poder e coragem do que imagina. Aprenda a viver facilmente com esses presentes e use-os quando apropriado.

Fique atento aos extremos. Não deixe que sua força ou desejos básicos o controlem. Por outro lado, não negue seu próprio poder.

IX, O Eremita

*U*m misterioso ancião percorre um caminho solitário e estreito. Ele carrega uma luz, representando sua mente e o conhecimento que adquiriu, e um cajado, simbolizando o poder de sua vontade. Seu cinturão vermelho indica a paixão que o guia em sua busca. Embora ele tenha muito conhecimento de mundo e uma forte vontade, ainda há muitas pendências em seu coração. Sozinho, ele passa a contemplar, comparando o conhecimento convencional com o que sente em seu coração. Assim como sua companheira serpente deixará sua pele para crescer mais, ele abandonará as restrições impostas por outras pessoas e se tornará mais ele mesmo.

A mensagem do Eremita é sobre autoconhecimento. É hora de você se retirar, contemplar o que sabe e garantir que suas crenças reflitam a liderança do seu próprio coração. Você deve aprender quem você é e em que acredita para poder confiar em si mesmo sem depender das opiniões dos outros.

Fique atento para não desistir em pouco tempo ou pelos motivos errados. Recuar por medo ou evitar responsabilidade não é o mesmo que se recolher.

X, A Roda da Fortuna

*V*ista às vezes como destino, essa roda assusta a maioria de nós, porque sua rotação está além do nosso controle. Aqui temos uma roda totalmente mecanizada que é, como indicado pelos símbolos astrológicos, controlada pelas estrelas, pelos ritmos da natureza e pela vida. De vez em quando, acontecem coisas que parecem ser inexplicáveis, mas a vida é cheia de ciclos e é bom nos lembrarmos disso. O Sol no centro da roda pode representar nossa mente. Se estivermos centralizados e seguros, não importa como a roda gire, nós não estaremos à mercê dela. Uma situação pode ser vista da maneira que desejarmos – como uma bênção ou uma maldição, uma tragédia ou uma oportunidade.

A mensagem da Roda da Fortuna é dupla. Primeiro, saiba que a vida tem altos e baixos e muitas vezes acontecem coisas que afetam você, mas entenda que nem sempre é pessoal. Por exemplo, a empresa em que você trabalha é comprada por outra e reestruturada e seu cargo é eliminado. Isso não foi feito para machucá-lo, embora isso o afete profundamente. Segundo, os eventos da vida geralmente são bons ou ruins, simplesmente porque você os vê como tal. Mantenha seu centro e seu foco e não fique abalado por eventos que você não pode controlar.

Fique atento para não usar os ciclos da roda para negligenciar suas responsabilidades. Lembre-se das coisas que estão sob seu controle e não culpe as circunstâncias por erros que são realmente seus.

XI, A Justiça

A personificação da Justiça está com o passado e o futuro nas mãos. Os pratos representam o equilíbrio cármico da vida que deve ser mantido. A imagem do Sol é você, exatamente entre seu passado e seu futuro. A Justiça está vendada: ela não tem poder para ajudá-lo ou feri-lo. Você criou seu próprio carma. O símbolo yin/yang o relembra que o passado contém as sementes do presente e o presente contém as sementes do futuro. Tudo o que você fez no passado determinou seu presente; o que você faz agora moldará seu futuro.

A mensagem da Justiça é simples: você cria seu próprio futuro com suas ações. Você está em um ponto da sua vida em que se questiona por que algo está acontecendo. Olhe para suas ações passadas. Como elas criaram a situação atual? Este é um momento para assumir a responsabilidade por sua vida.

Fique atento para não desanimar. Embora os erros do passado tenham ramificações futuras, suas ações presentes também moldarão o futuro. Aprenda com seus erros e faça escolhas agora que o levarão a um futuro mais feliz.

XII, O Enforcado

*M*ais do que qualquer outra figura nos Arcanos Maiores, o Enforcado se assemelha ao Louco. Virando-se de cabeça para baixo, comportando-se de uma maneira não consistente com a sociedade, o Enforcado pode ser julgado como um louco por muitos, no entanto, a diferença entre os dois é crucial. O Enforcado passou por uma experiência desafiadora que lhe trouxe uma sensação de paz e compreensão que somente pessoas que enfrentaram grandes provações podem ter. O Sol representa sua visão de si mesmo e seu lugar no universo. Ele pode se atrapalhar às vezes, mas sabe quem é e de onde obtém suas forças. Ele está disposto a sacrificar a aprovação da sociedade para ser fiel a si mesmo.

A mensagem do Enforcado é sobre saber quando e o que sacrificar. Seja sincero sobre quem você é e deixe que todas as suas atitudes e decisões dependam dessa visão. Mesmo que suas ações pareçam desajeitadas ou fora de sincronia com as dos outros, sacrifique a opinião favorável dos outros e pare de ser desonesto consigo mesmo. Não dê mais crédito ao que as outras pessoas pensam do que àquilo que você acredita estar certo.

Fique atento para não racionalizar comportamentos bizarros ou inapropriados dizendo que está apenas sendo você mesmo. Você é realmente assim? Ou você está procurando uma desculpa para se comportar mal e se sentir bem com isso?

XIII, A Morte

Todo mundo enfrenta a morte de alguma forma. Aqui, estamos falando de uma morte psicológica e não de uma morte física. Nesta carta, o crânio olha com determinação inexorável. A mensagem assustadora é esta: se você quiser passar desse ponto, precisará passar pela morte. Por que alguém iria querer isso? Qual seria o incentivo? A Morte guarda as recompensas em seu estandarte e escudo. A flor branca simboliza a pureza do desejo, e o cavalo branco a pureza da vontade. Qualquer pessoa que queira continuar sua jornada espiritual precisa disso. Eles indicam a morte do ego e, com ele, crenças antigas que não são mais úteis. Isso deve acontecer para abrir caminho para novas energias e para uma nova vida.

A mensagem da Morte é sobre a dor do crescimento espiritual. Não é fácil deixar de lado certos comportamentos ou crenças, admitir erros em pensamento e na prática. Sem negar a magnitude da morte do ego, aquilo que está por vir – maior força espiritual – nos lembra que o esforço não é isento de recompensa.

Fique atento ao medo da mudança, de abandonar as ideias obsoletas. O medo da mudança leva à estagnação, que pode ser mais duradoura e mais dolorosa do que uma morte limpa.

XIV, A Temperança

*U*ma mulher provocante, cheia de paixão e centelha, talvez seja uma imagem incongruente de uma carta que significa moderação. Como as esfinges de ouro e prata no Carro, os cálices de ouro e prata representam extremos. Temperança significa juntar ou misturar, pois esta mulher está combinando extremos – quaisquer extremos – relacionados a comportamento, crença ou sentimento. Ela aprendeu a moderar sua vida de tal maneira que mantém e expressa sua paixão perfeitamente. Ao aprender a fazer isso, ela está vivendo sua vida o mais plenamente possível, com suas crenças internas em perfeita harmonia com suas ações externas e com o mundo ao seu redor.

A mensagem da Temperança é simples de se entender, mas difícil de praticar. Modere sua vida de todas as formas: fisicamente, espiritualmente, emocionalmente e intelectualmente. Deixe sua ação (ou inação) ser apropriada à situação. Esta carta, mais do que qualquer outra no tarô, fala do perfeito equilíbrio impecavelmente expresso.

Fique atento para não se descontrolar ou cometer excessos. Entretanto, não deixe que o medo de cometer um erro leve você à inação constante. Embora a inação às vezes seja a escolha certa, nem sempre é.

XV, O Diabo

*I*ntrigante, poderoso, envolvente: uma figura perigosa e atraente. A máscara, além de acrescentar um fascinante tom de mistério, alerta que esse homem está escondendo algo. Ele usa um pentagrama, que reflete sua desfaçatez e os prazeres sensuais. No entanto, como seus olhos estão tapados, ele busca tais prazeres cegamente, sem qualquer ponderação. Ele é a obsessão, a servidão e as práticas destrutivas. Ele é o que acontece – o que podemos nos tornar – quando nossas vidas ficam muito desequilibradas.

A mensagem do Diabo é um alerta. Se a Temperança é o equilíbrio perfeito impecavelmente expresso, o Diabo é o equilíbrio imperfeito, imprudentemente almejado. Tudo em excesso – comida, trabalho, sexo, exercício físico – leva a uma vida desequilibrada. Preste atenção e modere seu comportamento. Vigie obsessões em sua vida. Não deixe que nenhuma crença ou prática ofusque todos os outros aspectos de sua vida ou as responsabilidades que você tem consigo mesmo e com os outros.

Fique atento para não permitir que o medo dos prazeres excessivos o reprima ou o faça negar todos os desejos, mesmo os saudáveis.

XVI, A Torre

*C*onstruída cautelosamente com trabalho braçal, esta alta, bela e robusta torre representa nossa visão de mundo. Nós a modificamos e adicionamos coisas a ela conforme necessário. Esperávamos que ela durasse e nos servisse bem. Ao ser atingida por um raio vindo dos céus, a torre é destruída. O raio simboliza, de uma forma ou de outra, um momento de iluminação, de realização, de experiência, que abala nosso mundo até à base. Nós caímos, como o homem nu, da estrutura. Precisamos nos reconstruir, mas não temos nada... ao que parece. No entanto, não desconsidere o que o raio está revelando a você.

A mensagem da Torre é difícil. Diferentemente da Roda da Fortuna, com sua mensagem filosófica de centralidade, e da Morte, com sua promessa de iluminação espiritual, a Torre não parece oferecer muito, exceto a destruição. Nosso sistema de crenças nos ajuda a encontrar a calma no centro da Roda e nos dá coragem para enfrentar a Morte. Na Torre, esse sistema é rompido. A boa notícia é que geralmente ele é abalado por uma verdade que não reconhecíamos antes. Conhecer a verdade é bom; ignorância não é exatamente uma benção.

Fique atento às situações exageradas. Se você reage exageradamente a todas as perturbações da sua vida, pode se sentir mal preparado para lidar com traumas ou tragédias reais.

XVII, A Estrela

*T*udo aqui é sobre paz, calma e esperança. Essa mulher representa a perfeita fé. A estrela em sua testa está conectada com a estrela no céu, indicando harmonia entre pensamento e espírito. Essa mulher sabe que os recursos celestiais estão funcionando perfeitamente e que tudo acontece em seu devido tempo. Irmã da Temperança, a Estrela é mais natural em sua nudez e mais consciente de sua humilde posição na água. Em vez de controlar e conservar líquidos, como sua irmã, ela esvazia sem hesitar seus jarros, acreditando que eles serão enchidos novamente.

A mensagem da Estrela é sobre reabastecimento e fé. Saiba que os ciclos da natureza são verdadeiros e naturais e que, após períodos difíceis, tempos melhores virão. E, quando vierem, entregue-se a eles e mergulhe nas águas frias da fé e na luz constante da Estrela. Saiba que seu coração será revigorado e sua fé será renovada.

Fique atento à falta de fé, ao desespero e à desistência. A Estrela promete esperança. Não perca a fé nessa promessa.

XVIII, A Lua

*E*ste belo orbe nos inspira como nenhum outro, ele fala à nossa alma, libera nossos instintos animalescos, como cães uivando, e convida lagostas para a superfície, criaturas alienígenas que representam nossos medos mais profundos. A luz da Lua nos permite vislumbrá-la fornecendo sombra suficiente para que possamos ignorá-la se for preciso. A deusa da Lua aumenta nossa intuição. Ela nos mostra nossos piores pesadelos, mas também nos proporciona os melhores sonhos.

A mensagem da Lua é tão sombria quanto uma noite de luar. Preste atenção nos seus sonhos e na sua intuição. Enfrente seus medos, encare-os, mesmo que um por vez. Atenda à sua alma.

Fique atento ao medo das sombras. Veja a situação com clareza. Imagens sombrias nem sempre são o que parecem.

XIX, O Sol

O Sol, os planetas, as estrelas do zodíaco – tudo está claro e em boas condições de funcionamento, mas não só isso, é possível ver que existe ordem. Você vê o gráfico científico dos cursos celestiais, vê os símbolos astrológicos e sabe que o céu frio e matematicamente conhecível é mais do que isso e que mitos e histórias são abundantes até lá. Você vê o universo com suas camadas de significados e contradições e fica à vontade com ele.

A mensagem do Sol é sobre um contentamento pacífico com o mundo e seu funcionamento. Você entende o que pode e não se preocupa com o resto. Você entende a si mesmo e seu papel no universo, o máximo possível, e também está de acordo com isso. A vida não fica muito melhor que isso.

Fique atento ao fato de que talvez você não esteja acostumado a tanta facilidade e felicidade. Cuidado para não lutar contra isso. Aproveite o máximo que puder e tente não racionalizar demais.

XX, O Julgamento

*U*m anjo usa um capacete alado, lembrando Mercúrio, planeta que governa a comunicação. Alinhado a esta ideia, ele soa uma trombeta, convocando as pessoas para uma nova vida. Elas deverão julgar por si mesmas suas vidas passadas e compará-las com as novas e decidirão se responderão ou não ao chamado.

A mensagem do Julgamento é clara: você está sendo chamado para fazer algo. Você pode não querer ouvir e está ativamente ensurdecido pelo barulho da sua vida diária. Você pode ter medo desse chamado e das mudanças que virão com ele. Ouça e encare-o com coragem e atitude. Ele está vindo com a promessa de uma vida mais gratificante.

Fique atento a duas coisas: primeiro, cuidado para não ignorar o chamado ou fugir dele com medo ou obstinação; segundo, cuidado para não confundir os desejos dos outros ou da sociedade com um verdadeiro chamado. Não se sinta obrigado a dançar ao som de outras pessoas e não ignore a música do seu próprio coração.

XXI, O Mundo

*U*ma mulher é pega em meio a uma dança. Mesmo na quietude, sua postura, graça e energia são visíveis. Ela está diante do mundo cercada por coroas de louros, indicando seu domínio. Ela segura varinhas, representando sua vontade, em ambas as mãos. Ao contrário das outras figuras dos Arcanos Maiores, sua vontade está em sintonia com os dois lados de si mesma; ela alcançou o equilíbrio de sua consciência e inconsciência. Ela comemora uma grande conquista. Por isso, ela é reconhecida pelo mundo e, mais importante, por si mesma.

A mensagem do Mundo é sobre conclusão e realização. Você sente uma sensação de pertencimento com o universo e domínio sobre o eu que é natural e sem esforço. Você se move para o ritmo da natureza e do seu coração. Eles são um só.

Fique atento a uma falsa sensação de segurança. Em princípio, o Mundo representa conclusão total. No entanto, em nossas vidas humanas, isso nunca é realmente alcançado, mas podemos alcançar apenas uma unidade parcial ou temporária. Essas experiências temporárias ou parciais nos incentivam a continuar crescendo e avançando para experimentar novamente aquele momento requintado de liberdade e compreensão.

Os Arcanos Menores

Enquanto as cartas dos Arcanos Maiores são energias arquetípicas, as cartas dos Arcanos Menores são os ecos dessas energias na vida cotidiana. São as experiências que compõem nossa existência. Cada Arcano Menor descreve uma situação e, às vezes, oferece conselhos que equivalem aos Arcanos Maiores do mesmo número.

Exercício 10

Como aprendemos, os números nos Arcanos Menores têm significados. Pegue os quatro ases e compare como cada naipe expressa o significado de "um". Faça isso com os dois, os três, os quatros, os cincos e assim por diante. Observe como o processo afeta e modela o significado do número.

Ás de Paus

*C*omo todos os ases, este é um presente do universo, entretanto, ao contrário dos outros ases, o Ás de Paus é concedido por mãos humanas, indicando um aspecto do universo mais simpático à condição humana. De certa forma, essa é a oferta mais gentil e generosa dos ases. É o começo de tudo – a centelha da vida. É também o dom da vontade, da inspiração, da ação, da paixão, da coragem. Essa iluminação do céu é o começo de todas as nossas ideias e projetos. Como no Arcano Maior I, O Mago, aqui, trata-se de uma conexão com planos superiores, um enfoque na vontade e na capacidade de alcançar objetivos.

Você está em uma fase favorável e recebe um presente, uma ideia, um projeto ou uma oportunidade de carreira. Aproveite com confiança e gratidão.

Fique atento para não ignorar as oportunidades e com a inação. O Ás de Paus é um presente que requer que o destinatário tome uma atitude.

Dois de Paus

*U*m viajante enfrenta uma bifurcação na estrada e uma decisão difícil. Externamente, esta carta é uma reminiscência do Louco. Ao contrário dele, o homem está consciente do futuro e quer fazer a melhor escolha. Assim como a Sacerdotisa guarda o caminho entre seus pilares, aqui um cervo fica em sentinela. O animal representa a vontade do viajante e a melhor escolha não será feita através da lógica, mas, como ensina a Sacerdotisa, através de uma maneira mais profunda do saber que pode ser difícil de verbalizar.

Você está em uma encruzilhada. A escolha correta não é clara, pelo menos em termos de lógica, porque existem muitas incógnitas. O naipe de Paus não é sobre lógica, mas sobre inspiração e coragem. Não seja como um esquilo, distraído com qualquer coisa nova, ou como o coelho, com muito medo de fazer uma jogada ousada. Ouça sua intuição e siga em frente corajosamente.

Fique atento à estagnação. Paus são sobre ação. Não é hora de ficar parado.

Três de Paus

𝒰m homem está na praia assistindo a um navio partir – ou talvez ele esteja voltando. De qualquer maneira, ele investiu nisso. Mesmo que ele espere sucesso ou fracasso, seu futuro está, no momento, fora de seu controle. Ele não pode interferir no resultado. Esta é provavelmente a carta mais difícil do naipe de Paus. Como o Arcano Maior III, A Imperatriz, este é um momento de gestação, não de ação ou controle.

Você fez uma escolha e agora deve aguardar os resultados. Se você é paciente ou impaciente, isso realmente não importa; isso não afetará o resultado. Esta é, no entanto, uma boa oportunidade para aprender a ter paciência e autocontrole.

Fique atento à ação agitada. Embora seja frustrante ficar quieto, deixe as coisas seguirem seu curso. Não haja desnecessariamente.

Quatro de Paus

*U*ma família contente e afetuosa está entre quatro bastões cobertos com uma coroa de flores. Eles concentraram sua vontade e alcançaram um resultado estável e satisfatório. Os pilares e a flora exuberante indicam estabilidade e abundância. As libélulas mostram um alegre e mágico senso de felicidade. A coroa representa a noção de unidade e beleza. Como o Arcano Maior IV, O Imperador, eles trabalharam juntos para o bem comum e criaram um ambiente onde todos podem encontrar satisfação.

Você alcançou uma meta satisfatória. Tire um tempo para comemorar isso. Tenha orgulho do que você fez.

Fique atento à insatisfação. Este não é o momento de criticar sua conquista.

Cinco de Paus

Cinco homens competem em uma clareira. Eles usam seus bastões, representando suas vontades e habilidades para treinar. Ao fazer isso, eles aprendem seus próprios pontos fortes e fracos enquanto ajudam seus companheiros da mesma maneira. O Hierofante, Arcano Maior V, trata sobre as melhores conquistas da coletividade humana. O Cinco de Paus mostra como ajudamos a nós mesmos e a outros indivíduos a alcançar o seu melhor e, assim, incentivar o bem coletivo.

Você está em uma situação competitiva. Enxergue-a como deve ser: uma oportunidade de evoluir e ajudar os outros a crescer. Apesar de competir com os outros, na realidade, você está desafiando a si mesmo. Faça o seu melhor, para o seu próprio bem e para o bem dos outros.

Fique atento às motivações inadequadas. Dispute com o objetivo de melhorar a si mesmo e a sociedade, nunca com a intenção de ferir ou destruir outra pessoa. Jogue conforme as regras. Tenha confiança em si mesmo e não procure uma vantagem injusta trapaceando.

Seis de Paus

*U*m homem montado em um cavalo em meio à multidão é aplaudido e homenageado com bandeiras coloridas. Ele goza das boas-vindas de um herói, comemorando uma grande vitória. O Arcano Maior VI, Os Enamorados, mostra glória e a alegria resultantes de escolhas sábias e equilibradas. As realizações deste homem só podem ser o resultado de decisões bem tomadas.

Você está em posição de receber congratulações por suas ações. Você fez bem e merece ser reconhecido. Aproveite os elogios.

Fique atento para não ficar muito tempo na celebração. Embora seja certo celebrar a conquista, não se acomode demais nessa situação.

Sete de Paus

*D*iante de uma porta, aberta para um dia brilhante, um homem defende sua posição. Embora incerto, ele luta contra o medo e bravamente enfrenta todos os que chegam. Esta não é a competição benevolente do Cinco de Paus, pelo contrário, é mais ameaçadora. Como o Arcano Maior VII, O Carro, ele é firme e tem certeza de sua vontade. No entanto, embora haja controle da vontade, há uma profunda falta de entendimento, um eco do Carro, indicado por sua expressão incerta. Suas ações estão sendo questionadas. Enquanto seu entendimento é imperfeito, suas convicções o levam adiante.

Você está sendo solicitado a defender suas ações ou crenças. Não tema o ataque. Use os questionamentos levantados para clarear a mente. Se suas crenças são sólidas, um exame mais detalhado delas não o prejudicará e aumentará sua sabedoria.

Fique atento à obstinação infantil. Se você achar que seu posicionamento está errado, admita a derrota e refine suas crenças para que elas resistam a contestações. Por outro lado, não desista da luta por medo.

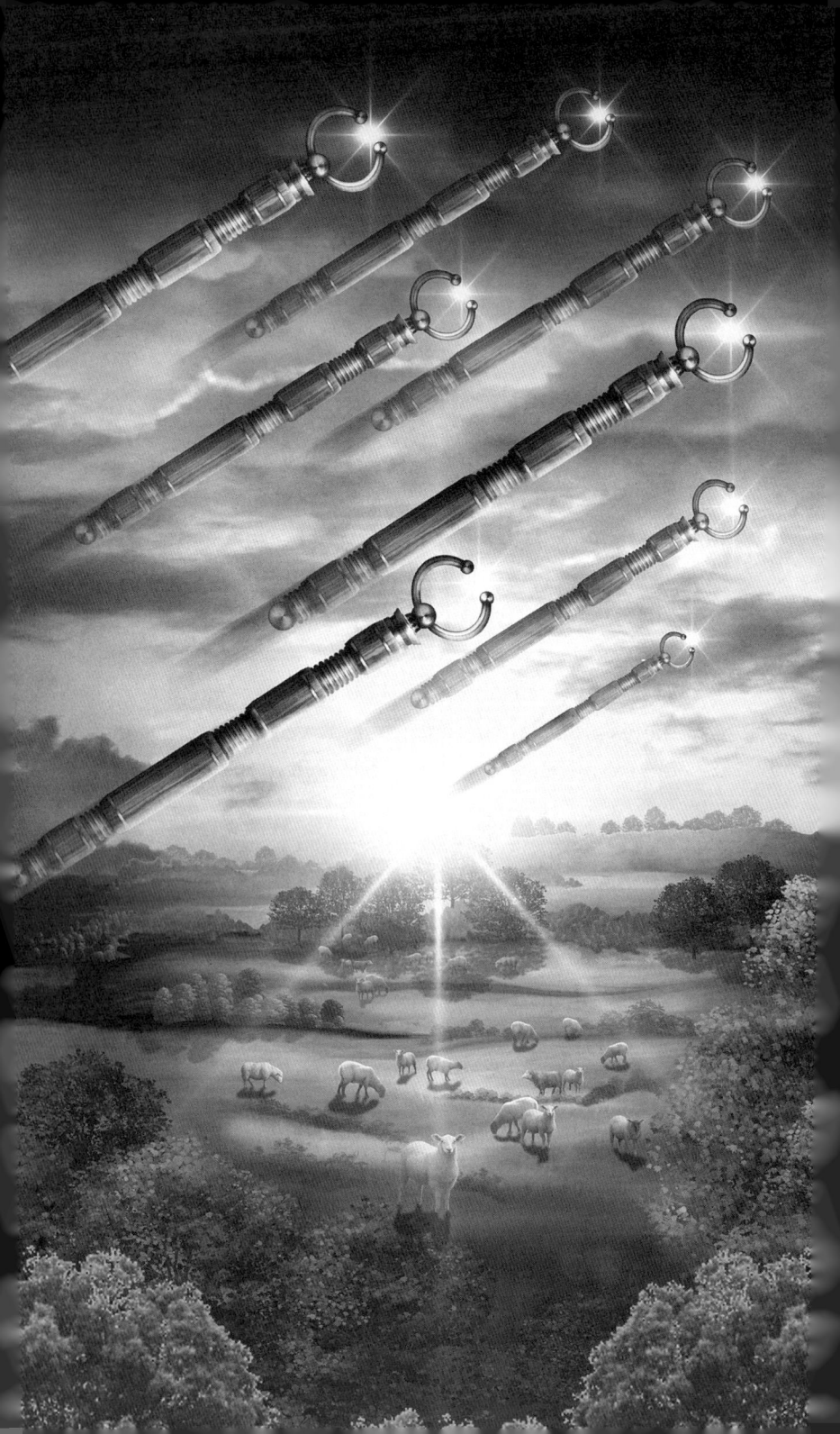

Oito de Paus

*O*ito bastões voam pelo céu de modo ordenado sobre um cenário pastoral pacífico. A forma como os bastões pousarão já está determinado. Eles se movem com velocidade precisa e constante. Assim como o leão e a mulher caminham juntos como unidade em direção a um objetivo comum em A Força, Arcano Maior VIII, o mesmo acontece com os eventos no Oito de Paus. O objetivo predeterminado e o delicado equilíbrio da Força se juntam à ação intensa do naipe de Paus. As coisas estão prontas para acontecer e acontecerão rapidamente.

Você está aguardando um resultado e não vai esperar muito. Os eventos acionados estão se movendo rapidamente para sua conclusão inexorável.

Fique atento aos perigos de interferir. Ao alterar o movimento de um dos bastões, os outros, devido à proximidade entre eles, serão afetados. As conexões são complexas e talvez você não consiga ver as ramificações de suas ações.

Nove de Paus

*U*m soldado cansado se recupera de um declínio insuperável. Ele está se sustentando apenas por sua vontade, representada por seu bastão. Ele não esperava esse fracasso e está intrigado com esta situação. Sua experiência não refletiu suas expectativas. O pequeno escaravelho à sua direita indica a voz calma de sua alma. Como o Arcano Maior IX, O Eremita, o guerreiro deve recuar e se recuperar. Ele deve comparar o que acredita com sua experiência mundana e reconciliá-los.

Você é pego de surpresa por uma falha. As coisas não saíram conforme o planejado e você não tem certeza do motivo. Tire um tempo para refletir, para determinar o que aconteceu e por quê. Aprenda com esta situação e retome a batalha.

Fique atento para não entrar em desespero. Embora a situação seja difícil e talvez confusa, não desista. Retire-se para se curar e aprender, não para escapar da vida.

Dez de Paus

*U*m homem decidido carrega seu grande fardo durante a noite em direção ao céu do manhã. Ele está quase terminando sua cansativa tarefa. A Lua cheia se escondendo atrás das nuvens e se aproximando do amanhecer indica o fim de um ciclo, mesmo que o fim não esteja completamente à vista. Esta carta lembra a virada da Roda da Fortuna, Arcano Maior X. Os cervos o observam silenciosamente à distância, talvez inspirando o homem com sua força silenciosa.

Você está quase terminando uma tarefa árdua e provavelmente está exausto, mas a luz no fim do túnel, como um belo nascer do sol, dá a você a determinação de ver isso passar. Aproveite seus instintos mais básicos para ter força para terminar o que você começou.

Fique atento para não parar muito cedo. Não deixe que o alívio de presenciar o fim de uma situação o faça vacilar; em vez disso, permita que isso o ajude a focar suas ações.

Ás de Copas

*I*dealismo e romance: o Santo Graal – esse presente do universo fornece profundidade e sentimento às nossas vidas. Aqui, a dádiva é a pureza da emoção, um amor espiritual que deve nos guiar. Se olharmos para a espiritualidade, podemos ver com mais facilidade o caminho através da experiência tumultuada da ampla gama de emoções humanas. Assim como a Lua é a mesma, mas aparece de maneiras diferentes, dependendo do foco da luz do Sol, nossa experiência com as emoções varia de acordo com a maneira como escolhemos vê-las. Como a energia do Arcano Maior I, O Mago, o dom do Graal deve nos guiar, mas pode, como o lado manipulador do Mago, nos levar por algumas estradas rochosas.

Você está sendo atraído por um sentimento. Suas emoções estão envolvidas e você se sente mais vivo do que o normal. Pode ser o começo de um romance, uma epifania espiritual ou um desejo de se expressar artisticamente. Seja o que for, você está no início de uma emocionante aventura.

Fique atento para não fugir dessa experiência. Não tema, desconte ou evite a intensidade de seus sentimentos. Embora possa parecer desconfortável a princípio, aprenda a identificar e expressar suas emoções.

Dois de Copas

𝒰ma mulher loira e um homem moreno se juntam sob a luz sombria da Lua. Sua união cria uma energia única, mística e bonita. Assim como o Arcano Maior II, A Sacerdotisa, une a música poética dos corpos celestes aos mapas científicos da astronomia, a mulher loira e o homem moreno unem qualidades opostas. O resultado é tão mágico e intrigante quanto a Sacerdotisa.

Você tem a oportunidade de fazer parceria com alguém, seja uma união romântica ou um empreendimento comercial. Seja o que for, existe o potencial para criar algo muito especial. Honre essa benção e aproveite-a.

Fique atento ao potencial ignorado. Se todos os elementos de uma parceria forte estiverem em vigor, mas nenhum movimento for feito, o momento poderá ser perdido. Aprecie a magia do momento, mas não deixe que ela o escravize.

Três de Copas

Três mulheres dançando nos céus inspiram-se nas águas douradas abaixo. Elas estão vestidas de azul para representar o naipe de Espadas/Ar, de amarelo para o naipe de Pentáculos/Terra e de vermelho para o naipe de Paus/Fogo. As expressões mais graciosas de todos os elementos são inspiradas nas profundezas da emoção humana. Essa experiência emocional as une, permitindo que deem seu melhor. Como A Imperatriz, Arcano Maior III, esta carta mostra a alegria que resulta do ato de nutrir e encontrar felicidade no outro.

Você está cercado por aqueles que têm felicidade. Lembre-se de reconhecer e apreciar isso. Tire um tempo com os outros para celebrar as simples alegrias que se tem ao estar vivo.

Fique atento para não ignorar os simples prazeres da vida e não apreciar a presença daqueles que o rodeiam. Não é hora de focar nos seus problemas, por mais difíceis que eles sejam. Pratique a gratidão e veja o que é desenvolvido.

Quatro de Copas

*U*m jovem sonhador olha para um cálice que está sendo oferecido, mas parece não reconhecer seu valor. Ele também ignora os três cálices atrás dele. O rapaz imagina algo melhor, mesmo tendo a chance de receber um presente. Talvez ele esteja pensando demais, entrando demais na história do livro que está lendo, para estar aberto a algo novo. Seus ideais românticos podem fazer com que perca oportunidades das quais se arrependerá mais tarde. Esta carta ecoa o lado negativo do Imperador, Arcano Maior IV. O desejo de ordem e estabilidade pode levar a uma busca pela perfeição que não existe, causando desdém pela realidade.

Você não apenas tem coisas boas à sua disposição, mas também estão lhe oferecendo mais neste momento. Às custas da felicidade atual, você está se concentrando em um conceito idealizado que não existe.

Fique atento para não ir do lado contrário e deixar ideais que guiam e moldam sua vida serem substituídos por algo sem valor. Você deve saber a diferença entre convicções e fantasias.

Cinco de Copas

*U*m homem se desespera ao derramar o conteúdo de três cálices, sem saber que há dois cálices brilhantes atrás dele. Um tempo de luto por uma perda é natural e necessário, mas, se demorar demais, torna-se um melodrama sem fim. Ao recorrer à sabedoria do Hierofante, Arcano Maior V, esse homem pode encontrar orientação em seu luto e apoio na cura de seu coração. Com isso, ele poderá voltar-se para o futuro e encontrar esperança no início de um novo dia, abraçando os dois cálices à sua espera.

Você sofreu uma perda e deve se lamentar. Recorra a um amigo, a um conselheiro espiritual ou a alguma uma tradição religiosa que consiga ajudá-lo a se curar adequadamente, para que possa abraçar um futuro brilhante no devido tempo.

Fique atento para não prolongar seu tempo de luto, seja por desejo de atenção ou por medo do futuro.

Seis de Copas

Crianças exploram uma colorida terra da fantasia. Animais amigáveis são seus companheiros de brincadeira. O gato em primeiro plano representa o presente. As árvores, com suas raízes profundas, simbolizam o passado. Essa lembrança de um momento feliz no passado pode fornecer calor, uma sensação de segurança e uma inspiração para compartilhar a mesma benevolência. Também pode criar um sentimento romantizado de nostalgia que causa um profundo sentimento de decepção com a situação atual. Assim como o Arcano Maior VI, Os Enamorados, indica uma escolha equilibrada, esta carta contém um elemento necessário para escolher como o passado afetará o presente.

Você se vê diante de uma memória. Considere-a com cuidado, pois as memórias podem ser complicadas, alteradas pelo tempo e pela distância e até pelos desejos atuais. Certifique-se de que qualquer que seja o papel que ela desempenhe na formação de suas ações atuais seja equilibrado pela lógica e pela realidade.

Fique atento para não deixar seu passado ou suas ideias sobre o passado controlá-lo.

Sete de Copas

$\mathcal{C}$álices cheios de imagens intrigantes flutuam acima das montanhas, representando as mais altas aspirações de nossos sonhos e desejos subconscientes. Como as vozes das sereias que distraem os marinheiros incautos, essas fantasias podem desviar os viajantes de seus verdadeiros rumos. Assim como o foco e o controle do Arcano Maior VII, O Carro, é necessário ter força de vontade para superar as distrações da imaginação.

Você se depara com muitas opções, oportunidades e sonhos. Encontre inspiração neles onde puder. Reconheça-os como distrações se eles o tirarem do caminho que você escolheu.

Fique atento para não ser sabotado pelo poder dessas distrações. Elas podem ser atraentes e você aprecia entreter-se com elas por um tempo, mas pode se arrepender dessa escolha a longo prazo.

Oito de Copas

$\mathcal{U}$m jovem vira as costas para um aglomerado de cálices. Ele olha para o horizonte como se estivesse avaliando a paisagem antes de partir em sua jornada. Ele bebeu todo o conteúdo dos cálices e os deixou vazios. Embora eles possam tê-lo saciado por um tempo ou mascarado seus verdadeiros sentimentos, eles apenas deram um tom divertido diante do que o jovem deve realmente fazer. A Lua cheia nasce e ele não pode ignorar sua luz e seu chamado, assim como ele não pode mais ignorar a voz de sua alma. O tempo da cegueira acabou; ele deve se acostumar com a luz e, assim como o Arcano Maior VIII, A Força, avançar com determinação.

Você brincou com desejos e fantasias que o distraíram do seu caminho, de fazer o que você sabe que deve. É hora de se afastar desse conforto superficial e seguir em frente.

Fique atento para não ser enganado pela Lua. Não confunda o desejo de fugir dos erros com um chamado da sua alma. Se os cálices aqui representam uma bagunça em sua vida, talvez você deva ficar e limpá-la.

Nove de Copas

*E*m sua confortável casa, um estalajadeiro levanta seu cálice e saúda seu conforto, abundância e boa sorte. Ele investiu na construção de um local que fosse seguro para si e acolhedor para os outros. Sua fortuna, representada pelos barris de cerveja, mostra o quanto sua vida é abastada, não necessariamente de dinheiro ou ganhos materiais. O Arcano Maior IX, O Eremita, sai sozinho para solidificar seu conhecimento e depois volta para compartilhá-lo com o mundo e ajudar os outros. Portanto, esse homem encontrou seu próprio caminho e tem muito o que compartilhar com os outros.

Você alcançou um patamar confortável de abundância. Você tem muito amor e carinho para dar. Você está feliz com o que tem e deseja compartilhar com os outros, sabendo que essa troca só traz benefícios para ambas as partes.

Fique atento para não levar a energia do Eremita ao extremo. Não desfrute de sua fortuna sozinho ou a acumule. Não se entregue a um pomposo senso de autossatisfação e compartilhe o que você tem com graciosidade.

Dez de Copas

*U*ma mulher e sua filha sentam-se em frente a um lar aconchegante. Sua atividade doméstica e diligência são salientadas pela presença de abelhas, ao passo que o gato mostra um lado brincalhão junto ao trabalho. Os gansos e o pato enfatizam ainda mais o significado da domesticidade. A Roda da Fortuna, Arcano Maior X, está com essa família no auge, livre de conflitos, com todos em harmonia.

Você deve ter notado a ausência de uma figura masculina. O artista criou esta imagem como se estivesse voltando do trabalho para sua família. A cena mostra o contentamento e a alegria que ele experimenta ao chegar para casa.

Você criou uma vida familiar feliz. É cheio de atividades e confortos satisfatórios. Este momento é o ápice da felicidade doméstica. Aproveite.

Fique atento para não deixar o contentamento virar preguiça. Não negligencie sua família, pensando que está tudo bem. As coisas só estão indo bem porque vocês lidaram um com o outro com respeito e consideração. Esforce-se para manter as coisas do jeito que estão.

Ás de Espadas

A espada carrega o dom do intelecto, da mente racional. Este é um poderoso e perigoso atributo. A espada da verdade pode facilmente atravessar questões confusas, a mente, entretanto, é complexa. A maneira como pensamos controla a maneira como percebemos a realidade, e a espada, por extensão, também representa comunicação, por isso nossas palavras podem curar ou machucar. Assim como o Arcano Maior I, O Mago, pode usar sua vontade e poder para criar coisas maravilhosas, ele também pode usá-los para confundir e pregar peças nos inocentes.

Você tem o dom do raciocínio. Use-o corretamente para ver o mundo com clareza, para se comunicar bem e para criar uma realidade feliz e saudável. Como sugere o lema À *Bon Droit*, sempre use seu dom de maneira justa.

Fique atento para não ser rude tendo uma língua afiada. Uma mente sagaz e o desejo de honestidade estão presentes na espada. Não os use de forma destrutiva.

Dois de Espadas

$\mathcal{U}$ma mulher é vendada por asas metálicas. Duas espadas se cruzam na frente da Lua. A mulher está experimentando um conflito entre seu intelecto e os aspectos menos racionais e intuitivos de si mesma. Ironicamente, seu rosto parece calmo, como se ela não fosse afetada por esse conflito. Talvez ela tenha escolhido ficar cega para essa situação. Ao contrário do Arcano Maior II, A Sacerdotisa, essa mulher não dança elegantemente entre intelecto e intuição. Ela não está envolvida, nem fazendo progresso. A batalha entre cabeça e coração permanece sem solução.

Você se depara com uma decisão e não tem certeza do que fazer. Você tem que decidir. Remova a venda e olhe diretamente para a situação. Provavelmente você sabe o que fazer, mas tem medo.

Fique atento para não ignorar a situação por muito tempo. Fingir que não ela existe não a fará desaparecer.

Três de Espadas

*U*m grande coração perfurado por três espadas se ergue contra um céu tempestuoso. Claramente, essa é uma representação excessivamente dramática e trágica do coração partido. Examine a imagem com cuidado. O Sol, representando o eu, está no centro do coração. O ego está se identificando inteiramente com o sofrimento emocional, tornando-o maior do que deveria ser. As espadas cravadas no coração indicam que a maneira de encarar a situação é falha. Remover o foco da emoção permite vislumbrar a imagem melhor. Uma perspectiva adequada permite mais clareza. Nesse caso, A Imperatriz, Arcano Maior III, pode fornecer a nutrição e a cura que ajudarão a transcender o coração partido.

Você experimentou um desgosto. No entanto, você não está vendo claramente os efeitos desse rompimento. Embora seja difícil terminar um relacionamento, isso não significa que seja o fim da sua vida, que é provavelmente o que você está sentindo. Procure uma perspectiva realista.

Fique atento para não incorporar o personagem do amante com o coração partido dando motivos para você se prostrar e lamentar e nunca seguir em frente. Isso tudo não passa de uma ilusão que mascara uma desculpa para se evitar a vida.

Quatro de Espadas

$\mathcal{U}$m soldado encontra abrigo no santuário da igreja. Por enquanto, ele está a salvo e pode se recuperar com tempo suficiente para restaurar seu espírito e seu corpo físico antes de encarar sua próxima batalha. Ainda há guerras a serem enfrentadas, como indicado pelas espadas, mas, por enquanto, ele pode fazer uma pausa para lidar com seus desafios renovado. Os benefícios do Arcano Maior IV, O Imperador, podem ser vistos aqui. Estando em um ambiente estável e seguro, o soldado pode reunir seus pensamentos e se esforçar ao máximo na situação.

Você precisa de tempo para se reerguer. Embora sua situação seja problemática, você não a resolverá até que se dê um tempo. Afaste-se da situação, medite e encontre seu centro. Recarregando sua força espiritual, você trará seus melhores esforços para resolver o problema.

Fique atento para não ignorar o problema, distraindo-se. Esta não é uma carta de escapismo, mas de utilizar sua base espiritual para renovação.

Cinco de Espadas

*U*m guerreiro sente-se vitorioso, carregando cinco espadas. O amanhecer surge revelando o estado de oponentes. As figuras derrotadas ao fundo não enfatizam a glória do guerreiro. Em vez disso, sugerem uma vitória pírrica. Embora exista claramente um vencedor e um perdedor nesta batalha, não está claro se o custo da vitória valeu a pena. O Hierofante, Arcano Maior V, fala das lições da história da humanidade, entre outras coisas. A guerra ou qualquer tipo de batalha devastadora tem seus custos. Se esses meios de controle valem o esforço, não está claro. É uma lição que ainda não resolvemos.

Você está no fim de uma batalha. Você é o vencedor ou o perdedor? Em ambos os casos, o que foi perdido e o que foi ganho? Valeu a pena? O que você aprendeu com a experiência?

Fique atento para não ver a batalha como a única saída ou a maneira mais fácil de resolver disputas. Os custos são altos nos dois aspectos. Talvez uma abordagem mais conciliatória seja o melhor a se fazer a longo prazo.

Seis de Espadas

À luz da Lua, uma mulher faz sua jornada secreta e silenciosa pela água. Para onde ela está viajando e o que ela deixa para trás não importam. Seu destino mudará alguma coisa em sua vida. Ela traz consigo a maneira como vê o mundo e expõe isso na forma como organiza as espadas em seu barco. É como dizem: não importa aonde você vá, enquanto você for a mesma pessoa, nada irá mudar. O Arcano Maior VI, Os Enamorados, é sobre fazer escolhas equilibradas. Viajando sobre a água (suas emoções) e carregando seus mesmos padrões de pensamento (as espadas), ela está fazendo uma escolha, mas será uma boa decisão? O sapo parece indicar certa dependência da parte reptiliana do cérebro, de onde surge o impulso de "fuga".

Você está fugindo de alguma coisa. A menos que você examine a maneira como pensa, sua corrida não resultará em nada, exceto uma fuga imediata do que está lhe incomodando. Até você aprender a enfrentar o problema, ele voltará a aparecer de outra forma.

Fique atento para não analisar demais. Nossos instintos antigos existem como um mecanismo de defesa. Embora provavelmente não seja tão frequente agora, há momentos em que fugir de uma situação perigosa é a coisa certa a se fazer.

Sete de Espadas

*U*m personagem sombrio carregando cinco espadas se retira de um recinto. Aparentemente, ele pretendia desarmar um inimigo. Seu plano, no entanto, parece espontâneo e imprudente. Ele nem conseguiu carregar todas as espadas. A probabilidade de sua ação enfraquecer seu inimigo é tão grande quanto a de uma daquelas espadas que ele deixou para trás encontrar seu caminho em suas costas. Diferentemente da disciplina e da força de vontade do Arcano Maior VII, O Carro, esse personagem respondeu à sua situação de uma maneira ilógica e perigosa.

Você está enfrentando um problema. Pior que isso, você está considerando um plano ruim para resolvê-lo. Reconsidere sua solução e tente encontrar uma que traga um resultado mais satisfatório.

Fique atento para não ser impetuoso. Suas ações têm consequências e seria bom considerá-las antes de agir.

Oito de Espadas

*U*ma mulher, de olhos vendados e acorrentada, está cercada por espadas. Sua situação é ao mesmo tempo simples e complexa. A venda mostra sua confusão, sua incapacidade de ver claramente. As correntes representam sua incapacidade de se mover, embora pareçam estar apenas enroladas desmazeladamente em torno de seus pulsos. Ela está de joelhos, talvez por se sentir fraca ou oprimida. Parece uma tarefa simples deixar a corrente cair, remover a venda e escapar pelos espaços entre as espadas. São, no entanto, seus próprios pensamentos que a mantêm atada. As espadas são sua mente, cercando-a e mantendo-a cega e imóvel. Ao contrário do Arcano Maior VIII, A Força, que doma os aspectos animalescos às vezes assustadores de nós mesmos e consequentemente anda com coragem, essa mulher é controlada pelo medo.

Você se sente impotente. Você não pode ver, não pode se mover e sente perigo ao seu redor. A situação é inteiramente sua. A boa notícia é que, se você a criou, pode desfazê-la. Você tem a capacidade de ver as coisas claramente, só precisa da coragem para fazer isso.

Fique atento para não ceder à sensação de desamparo. Não desista do seu poder. Assuma o controle da sua vida. Não deixe o medo imobilizar e cegar você.

Nove de Espadas

Iluminada pelo brilho suave das velas, uma mulher se senta na cama como se tivesse sido despertada por um pesadelo. A figura mascarada translúcida simboliza os pensamentos vagos, porém preocupantes, que a atormentam. Ela cruza os braços sobre o peito como se quisesse proteger seu coração. Como evidenciado pelas espadas, essa mulher está claramente perturbada por um grande problema, grande o suficiente para perturbar seu sono. A coruja, símbolo de sabedoria, está próxima, aparentemente pronta para compartilhar seu conhecimento e, assim, dar algum conforto à mulher. Ao resolver o problema, talvez ela encontre o caminho da sabedoria e da verdade. Por enquanto, porém, ela está sozinha e fechada. Este é O Eremita, Arcano Maior IX, levado a um extremo triste. Nesse período de provação, faria bem a ela alcançar e obter o conforto e a sabedoria de que precisa e parece que isso já está próximo.

Você está sofrendo com alguma coisa. Por qualquer motivo, você está trabalhando nisso sozinho, mesmo que haja ajuda por perto. Estenda a mão e permita que alguém o guie e o conforte.

Fique atento ao isolamento. Você pode sentir que está sozinho ou seu orgulho pode impedi-lo de aceitar ajuda. Você não está sozinho e seu ego pode custar mais do que você imagina.

Dez de Espadas

𝒰ma figura está aparentemente sem vida no chão, entre alegres flores vermelhas. É uma visão pungente e estranha. Enquanto há a possibilidade de o homem estar morto, há uma atmosfera de paz na cena. As dez espadas acima dele iluminam o cenário com um brilho radiante. Quaisquer que sejam as dificuldades pelas quais ele tenha passado estão no fim. Relacionado à Roda da Fortuna, Arcano Maior X, este homem está no fundo e prestes a iniciar um novo ciclo.

Uma situação difícil está chegando ao fim. Provavelmente, é tudo o que você pode suportar e talvez não acredite que irá conseguir, mas você consegue. A maré está prestes a mudar. Tenha fé.

Fique atento para não perder a esperança. Não desista. A roda está prestes a começar uma curva para cima.

Ás de Pentáculos

*A*qui está uma dádiva de recursos – provavelmente dinheiro, matérias-primas ou tempo. Este é, provavelmente, o mais simples dos naipes. Por essa razão, aquilo que é proporcionado pelos Pentáculos nem sempre é tão estimado quanto o que vem dos outros naipes ou às vezes é supervalorizado e leva à ganância pela riqueza material ou à obsessão por uma vida dissoluta. Qualquer que seja a forma que o presente tome, depende inteiramente de nós – como nos lembra a doninha aqui e O Mago, Arcano Maior I, ao usar a habilidade e a determinação para fazer algo valer a pena.

Você recebeu um recurso. Use-o bem e seja grato.

Fique atento à tentação de subestimar ou desperdiçar esse presente porque você o considera mundano e não um verdadeiro presente do universo.

Dois de Pentáculos

À beira-mar, um homem equilibra dois pentáculos. A facilidade e o domínio em sua habilidade criam um arco-íris, fazendo o ato parecer mágico. Os pentáculos representam todos os outros naipes, incluindo os Arcanos Maiores. Contidos em seu arco mágico, eles indicam um profundo equilíbrio global que permite esse fácil controle da vida cotidiana. Como no Arcano Maior II, A Sacerdotisa, vivendo entre poesia e ciência, esse cavalheiro dança através da vida, fazendo malabarismos e compartilhando alegria.

Você tem uma vida plena e a capacidade de manter tudo fluindo. Você faz parecer fácil e encontra satisfação não apenas em fazer muitas coisas, mas em fazê-las bem, e também toma o cuidado para não transformar sua ocupação em competição.

Fique atento para não exagerar com o objetivo de ter a admiração dos outros. Não julgue a si mesmo e aos outros nivelando pelo quanto você é capaz de fazer e não busque conquistas em detrimento da qualidade e da felicidade em geral.

Três de Pentáculos

$\mathcal{U}$m mestre artesão sozinho em sua forja encontra enorme prazer em admirar seu trabalho. É mais do que simples orgulho, embora isso faça parte. Ele experimenta o prazer sensual do trabalho bem feito e reconhece a magia oculta na criação de itens físicos.

Entre os três, ele é o mais próximo do Arcano Maior III, A Imperatriz. Como ela, o artesão cria e se deleita na criação; ele ama o processo e o produto.

Você tem uma habilidade que lhe dá grande satisfação. É algo que você gosta de fazer e encontra grande prazer no resultado final.

Fique atento para não perder a conexão mágica com o processo e o produto. Se algo que costumava encantá-lo se tornou comum, tente recuperar seus sentimentos iniciais ou inicie uma nova prática.

Quatro de Pentáculos

Um homem com um opulento manto vermelho e dourado, bordado de ouro, segura quatro pentáculos em seus braços. Ele teve prazer em obter este valor monetário, mas o dinheiro é uma abstração, uma representação das coisas necessárias à vida ou do que incita beleza e prazer. Ele perdeu a noção disso e, portanto, permanece sozinho em seu orgulho gélido, não compartilhando sua recompensa, nem mesmo se divertindo com ela. Ele reflete um extremo do Arcano Maior IV, O Imperador. Quando O Imperador promove ordem para melhorar a qualidade de vida, tudo ocorre perfeitamente. Quando ele impõe esta ordem, a vida se torna estéril.

Você possui certa quantidade de recursos e se tornou possessivo. Você está acumulando seu dinheiro, seu tempo, suas habilidades. Você perdeu a noção do que essas coisas realmente representam e enfrenta um futuro solitário e sem realizações, a menos que use seus recursos com sabedoria.

Fique atento para não ser extremista e doar tudo o que tem ficando sem recursos e não tendo mais nada a oferecer.

Cinco de Pentáculos

*D*uas pessoas estão implorando por ajuda do lado de fora de um vitral colorido, com apenas um rato como companhia. Eles estão necessitados e estão buscando ajuda na igreja. Talvez estejam se voltando para suas crenças espirituais mais profundas para ajudá-los nesse momento difícil, mas suas necessidades são físicas e imediatas. A linda janela de vidro é uma representação das realizações da humanidade. Nesses momentos, todas as estruturas e realizações gloriosas do mundo perdem sentido se não fornecerem orientação, ajuda ou inspiração.

Você está passando trabalho. A ajuda está próxima. Não se deixe dissuadir, mesmo que o edifício, a organização ou a pessoa pareçam imponentes. Peça a ajuda que você precisa.

Fique atento para não tornar sua necessidade maior do que ela é. Saiba quais recursos estão disponíveis para ajudá-lo a se reerguer.

Seis de Pentáculos

*U*m homem rico, com uma balança na mão, pesa pentáculos alegremente. Do lado de fora da janela, mãos alcançam e pegam os pentáculos, mas não conseguem agarrá-los. O homem rico parece disposto a dar, mas não presta atenção em quem precisa. Ele deixa os recursos caírem no esquecimento e não atende às necessidades dos que estão do lado de fora. Ao contrário do Arcano Maior VI, Os Enamorados, ele não está fazendo escolhas equilibradas, está desperdiçando seus dons enquanto se ilude de que é caridoso.

Você dá seus recursos livremente, mas está prestando atenção no que está fazendo? Você está dando às pessoas o que elas precisam ou apenas o que lhe agrada dar?

Fique atento às doações orgulhosas, mas sem propósito. Dar ao seu filho um computador novo quando na realidade ele quer sua atenção não é uma boa forma de utilizar seus recursos e de ajudar seu filho.

Sete de Pentáculos

*U*ma mulher com uma cesta fica ao lado de uma árvore carregada de pentáculos enquanto jubilosas vacas e ovelhas pastam em um campo próximo. Como o Arcano Maior VII, O Carro, essa mulher exerceu sua vontade e controle para tornar essa árvore frutífera. No entanto, ela está um passo à frente. Ela está avaliando seu investimento para ver se o rendimento corresponde às suas expectativas e se valeu o esforço que ela investiu nele.

Você plantou sementes de algum tipo. Elas estão dando frutos, e é hora da colheita. Tire um tempo para comparar o investimento com os resultados. Se não é o que você esperava, determine o que você pode fazer de diferente na próxima vez.

Fique atento para não se empolgar demais com a safra e negligenciar o balanço patrimonial.

Oito de Pentáculos

*U*m aprendiz solitário trabalha até tarde da noite em seu projeto. Ele está focado e determinado, talvez até demais para perceber seu pequeno companheiro. Como o Arcano Maior VIII, A Força, esse jovem domava seus instintos e desejos mais básicos, a fim de alcançar algo maior. Mesmo que ele queira sair e se divertir, ele está disposto a renunciar ao prazer imediato por uma meta de longo prazo.

Você está envolvido em um cronograma de estudo para se preparar para um futuro melhor. Sua disciplina e vontade o servirão bem, mas reserve um momento e desfrute de uma companhia agradável.

Fique atento para não se esforçar demais e excluir-se de todo o resto. Mesmo em meio a estudos pesados, uma pessoa precisa de um pouco de descanso e relaxamento.

Nove de Pentáculos

*U*ma mulher talentosa permanece ao lado de seu gazebo cercado por abundantes pentáculos. Ela tem o direito de se orgulhar porque conseguiu esse estilo de vida luxuoso sozinha. Seu falcão indica sua dedicação, determinação e habilidade. Ela trabalhou duro para treinar seu companheiro, e essas mesmas habilidades a ajudaram a criar sua vida maravilhosa. Como o Arcano Maior IX, O Eremita, ela escolheu uma vida sozinha, com a qual não parece se importar.

Você alcançou muito, o que o deixa orgulhoso. Você criou uma vida que você gosta e que lhe satisfaz. Apesar de suas escolhas, você não se sente sozinho.

Fique atento ao fato de que você pode ser feliz sem se sentir solitário, mas poderá chegar um momento em que isso mudará. Não tenha medo de mudar seu estilo de vida e encontre alguém especial para compartilhá-lo.

Dez de Pentáculos

*U*m baú de madeira cheio de pentáculos encontra-se embaixo de uma árvore. Dois ratos exploram seu brilhante conteúdo. A quem pertence este baú? Por que ele foi abandonado e está aberto? Não estão com medo de que alguém os leve? Evidentemente, o proprietário não está muito preocupado. Como se trata de um dez, ele reflete o Arcano Maior X, A Roda da Fortuna, e o fim de um ciclo. Quem possui este baú provavelmente o deixou para outra pessoa encontrar. Isso traz uma sensação agradável e unificada: eles deixaram um baú farto para retribuir ao universo pelo único pentáculo que lhes foi dado há muito tempo na forma de Ás de Pentáculos.

Você chegou ao final de um ciclo e aprendeu tudo o que gostaria de aprender, investiu tudo o que desejava e está pronto para avançar para algo novo. Assim como você recebeu um presente para começar, por que não compartilhar sua abundância com outra pessoa?

Fique atento para não se agarrar a coisas que não têm mais utilidade para você. Aquela raquete de tênis foi ótima – somente enquanto você jogava; agora passe-a para alguém novo.

As Cartas da Corte

$\mathcal{A}$s cartas dos Arcanos Maiores ilustram os principais marcos de nossas vidas, já as cartas dos Arcanos Menores mostram os eventos do dia a dia. De certa forma, ambos preparam o cenário. Embora as cartas da corte façam parte dos Arcanos Menores, elas desempenham um papel diferente, são como os atores naquele palco que fornecem personalidade, representando outras pessoas envolvidas ou aspectos de nós mesmos. Além disso, Pajens às vezes indicam mensagens. Para saber mais sobre as personalidades e os significados das cartas da corte, consulte o livro *Understanding the Tarot Court*, de Mary K. Greer e Tom Little.

Exercício 11

$\mathcal{M}$entalize uma pergunta ou uma situação. Distribua suas cartas da corte e imagine como cada uma delas responderia à pergunta ou o aconselharia na situação.

Pajem de Paus

*U*m jovem carrega cautelosamente um bastão. Ele está um pouco tenso, como se fosse uma experiência nova, e ele quer fazer tudo certo. Embora cuidadoso, ele não está nervoso ou ansioso. O jovem se preparou para esse momento o máximo possível e está cheio de confiança.

Você está pronto para tentar algo novo. Pode ser algo em que você já pensa há algum tempo ou está lendo ou estudando. É hora de colocar seus pensamentos em ação. Você está bem preparado, então vá em frente e dê o próximo passo.

Fique atento para não entrar de cabeça em algo que você não está pronto. Se você não se organizou previamente, provavelmente ficará surpreso com eventos ou despesas inesperadas.

O Pajem de Paus pode indicar uma mensagem, geralmente referente à sua carreira, um projeto em que você está trabalhando ou um curso em que está interessado.

Pajem de Copas

$\mathcal{U}$m jovem segura um cálice com aparente descuido. Ele adota uma postura de facilidade, quase com ar de superioridade e provocação. Ele está enfrentando um momento de verdade e está convencido de que sabe das coisas.

Você está passando por uma situação emocional que provavelmente não tem muita experiência. Você tem a força de suas convicções e apresenta um rosto com semblante de plenitude ao mundo exterior. No entanto, devido à sua falta de experiência, você pode sentir um pouco de apreensão sob sua máscara confiante.

Fique atento para não supor que você sabe tudo e ignorar os conselhos. As emoções são coisas surpreendentes. Mesmo quando achar que está preparado, perceba que, provavelmente, você não considerou tudo. Não evite o conselho de alguém mais experiente.

O Pajem de Copas pode indicar uma mensagem, geralmente referente a um romance, um projeto criativo ou artístico ou uma situação emocionalmente intensa.

Pajem de Espadas

Um jovem tenta permanecer confiante e orgulhoso, tenta expressar um sentimento de desinteresse, como se tivesse feito isso milhares de vezes antes. O rosto dele, embora ele não saiba, mostra mais apreensão do que gostaria. Quem não ficaria nervoso? Ele tem uma espada muito grande (e potencialmente perigosa) e, embora saiba como manejá-la, na prática, nunca a usou.

Você está pronto para enfrentar um novo desafio. A teoria e a lógica são claras para você; você tem todas as ferramentas necessárias e sabe exatamente o que fazer e como fazê-lo. No entanto, você se sente inexplicavelmente assustado, mas seu medo não é incomum. Não há substituto para a experiência, e é algo que você não teria de qualquer forma neste momento. Saiba que, independentemente do resultado, você terá feito o melhor que pôde.

Fique atento para não analisar demais. Espadas são o naipe do intelecto, então existe o perigo de pensar tanto em algo a ponto de ficar paralisado de preocupação.

O Pajem de Espadas pode indicar uma mensagem, geralmente referente a um problema, questão ou sistema de crenças atual.

Pajem de Pentáculos

*U*m jovem segura um pentáculo com uma expressão de orgulho tímido, carregada de nervosismo. Ele tem praticado e torce para que tenha se saído bem. Ele segura o pentáculo com segurança, mostrando sua tendência natural a manter as coisas seguras, mas seu jeito levemente alegre indica uma vontade de ultrapassar seus limites. Ele está definitivamente pronto para o próximo nível.

Você tem praticado algo e já é muito bom nisso. Seus estudos estão começando a se manifestar em projetos reais concluídos. Você está pronto para apresentar seu trabalho ao mundo exterior. Talvez seja hora de considerar algo mais complicado e desafiador.

Fique atento para não se tornar alguém descuidado. Embora você tenha habilidade, você não tem experiência suficiente para executar algo de forma leviana. Além disso, tenha cuidado com a estagnação. Depois de dominar esse nível, continue desafiando a si mesmo e não fique com preguiça.

A Pajem de Pentáculos pode indicar uma mensagem, geralmente referente a um projeto que você concluiu, finanças ou recursos.

Cavaleiro de Paus

*U*m cavaleiro coberto com sua armadura cavalga com confiança e com um propósito. Sua postura junto às cores indica paixão e bravura. Ele está descansado e pronto para viver uma aventura quando surgir alguma. A gualdrapa decorativa do cavalo é coberta com o símbolo alquímico do fogo, elemento associado ao naipe de Paus.

Sua paixão está levando você adiante muito rapidamente. O que quer que esteja enfrentando, você está muito animado com isso. Você não sente medo, embora certamente esteja sentindo uma adrenalina inebriante. Você está pronto para uma grande aventura. Se alguém não vier até você, você o encontrará.

Fique atento para não ser imprudente. Lembre-se de que os tolos – e o Cavaleiro de Paus – correm para onde os anjos temem pisar. Apenas tenha cuidado.

Cavaleiro de Copas

Um cavaleiro vivaz e seu cavalo vangloriam-se no crepúsculo. Ele segura sua taça no alto. A gualdrapa de seu cavalo mostra o símbolo alquímico da água, elemento associado ao naipe de Copas. Este cavaleiro está claramente pronto para celebrar ou cortejar uma donzela em vez de lutar. Guiado pelo naipe de Copas, esse cavaleiro é sonhador e romântico. As aparências e o ambiente significam tanto para ele quanto habilidade e bravura. Ele pode usar tanto uma frase poética quanto sua espada.

Você está se sentindo muito romântico, está mais interessado em velas, jantares extravagantes e sublimes declarações de amor do que o habitual. Celebrar as experiências belas e sensuais da vida é tão necessário quanto qualquer outra experiência. Aproveite!

Fique atento a devaneios fora de hora. Não permita que ideais românticos o afastem de seu caminho. Uma coisa é celebrar uma sensação de sonho realizado em sua vida, outra é perseguir sonhos que nunca poderão ser alcançados.

Cavaleiro de Espadas

Aqui está o apogeu da representação de um cavaleiro em sua missão. Ele mantém seu enérgico corcel sob controle enquanto levanta dramaticamente sua espada; ele está pronto para a ação. A gualdrapa de seu cavalo tem o símbolo alquímico do ar, elemento correspondente ao naipe de Espadas. Como o naipe de Espadas é regido pelo intelecto, faz sentido que sua busca seja supervisionada por uma águia, pássaro frequentemente associado à clareza da sabedoria. Ele deu as costas para tudo, exceto para suas posses. Ele está focado e comprometido. Nada ficará em seu caminho.

Você está no meio de algo e sabe exatamente o que quer fazer. Você está sentindo determinado no momento. Seu objetivo está à vista.

Fique atento para não se concentrar ao ponto de perder a evolução da situação. Preste atenção ao que está acontecendo ao seu redor. Existe o risco de ignorar ou ser insensível com as pessoas ao seu redor.

Cavaleiro de Pentáculos

*M*ais do que os outros, este cavaleiro está em uma postura defensiva. Ele passou por batalhas e aventuras e provavelmente está pronto para descansar um pouco. Embora não esteja no meio de uma batalha, está alerta e diligente. Ele sempre protegerá a si e a quem mais precisar de proteção. A gualdrapa de seu cavalo é estampada com o símbolo alquímico da terra, elemento associado ao naipe de Pentáculos.

Você lutou algumas batalhas e teve algumas aventuras. Agora você gostaria de descansar e se reagrupar, talvez passe algum tempo curtindo cenários mais calmos e domésticos. Tire um tempo para sentir-se seguro, se necessário. Pode ser preciso adotar uma postura protetora ou defensiva.

Fique atento para não ficar estagnado ou acomodar. Se você teve uma experiência traumática, não deixe que ela o paralise ou se torne uma desculpa para você não progredir.

Rainha de Paus

*U*ma mulher serena, mas alerta, vigia um pilar com a extremidade em chamas. Ela segura seu bastão de maneira protetora na frente da estrutura. A mulher não apenas está pronta para a ação, como ativamente observa o horizonte, explorando-o. O cachorro representa lealdade e carinho. Esta rainha é uma amiga feroz e amorosa.

Sua paixão é silenciosamente contida, pronta para explodir a qualquer momento. Você está procurando uma saída para sua energia. Isso pode ocorrer na forma de um novo projeto ou ajudando alguém com um empreendimento empolgante. Você ama estar ativo por si só e não é avesso à admiração do público como resultado de suas habilidades e personalidade brilhante.

Fique atento ao seu ego e ao desejo de progredir, seja socialmente ou na carreira. Embora você seja um amigo verdadeiro e leal, seu ego pode atrapalhar.

Rainha de Copas

*U*ma mulher de aparência romântica olha para longe, como se estivesse vendo algo em sonho. Um pouco trágica em seu ambiente hostil, ela quase parece uma princesa desafortunada em um conto de fadas ou uma mulher profundamente preocupada com o bem-estar dos outros. Os dois cães demonstram intensa devoção e doçura, além de lealdade. Esta rainha se conecta profundamente com os outros.

Seu coração está comprometido, seja profundamente preocupado com os entes queridos ou com seu próprio bem-estar emocional. Embora as coisas ao seu redor possam não parecer perfeitas, há uma beleza sensual na situação. Talvez você esteja preocupado com a longevidade de um relacionamento (romântico ou não). Olhe para as necessidades do seu coração.

Fique atento para não se enfeitiçar por suas próprias emoções. Não deixe que elas ofusquem a realidade a tal ponto de você não ver o que realmente está acontecendo. Tenha cuidado com a preocupação que você tem com os outros. Às vezes, as pessoas têm que cometer seus próprios erros. Você corre o risco de sufocá-los com seus cuidados excessivos.

Rainha de Espadas

*U*ma mulher confiante posa com sua espada, embora não pareça ameaçadora. A luz brilha em sua espada e coroa, mostrando uma relação entre a verdade (a luz do Sol), seus pensamentos (sua coroa) e suas ações (sua espada). Ela está um pouco vigilante, mas não o suficiente para despertar-lhe medo do mundo. O gato representa sua capacidade de andar com leveza em situações perigosas, como um gato evitando o movimento de uma cadeira de balanço. As pombas são sinais de que, embora ela possa usar uma arma de guerra, seus objetivos são pacíficos.

Você usou sua mente, verdade e pensamento lógico para criar ordem em seu mundo. Você pegou seus sofrimentos e alegrias e os casou com uma filosofia útil para estar à vontade no mundo. Você é um amigo bom e prestativo, embora alguns possam dizer que lhe falta emoção.

Fique atento para não ser muito dependente de regras. Lembre-se de ser flexível quando as coisas não acontecerem do seu jeito. Permita que outras pessoas se comportem como acreditam ser o correto. Cada um tem seu destino. Não se divorcie de suas emoções em um esforço para se proteger.

Rainha de Pentáculos

*U*ma mulher imponente segura um pentáculo com orgulho silencioso. Seu rosto expressa satisfação, quase presunção. Como a Rainha de Espadas, sua confiança é forte e independente.

Você trabalhou duro e muito bem e criou uma vida cheia de prazeres físicos e beleza através de suas habilidades e cauteloso orçamento de recursos. Você se orgulha de sua praticidade. As pessoas ao seu redor desfrutam dos frutos do seu trabalho. E, embora isso lhe dê prazer, sua satisfação vem dos resultados de seus esforços.

Fique atento para não se fixar nos resultados finais e perder toda a alegria no processo de criação. Existe o perigo de se preocupar muito com dinheiro. Embora seja prudente ter cuidado, não fique obcecado com a frugalidade e não sacrifique sua vida espiritual, criativa e emocional em detrimento da praticidade.

Rei de Paus

*U*m homem com grande força de vontade senta-se na beira do trono, avaliando o horizonte. Ele está pronto para a ação e parece ansiar por isso, como se ficar sentado parado e cuidando de assuntos mundanos o aborrecesse. Ele deseja fazer alguma coisa.

Você está focado, determinado e motivado. Algo tem toda a sua atenção e você está canalizando toda a sua energia e habilidade nessa direção. Você tem uma forte sensação de que está certo em todas as coisas relacionadas a esse empreendimento. Sua ambição ou suas necessidades sociais estão envolvidas. Por enquanto, isso é tudo o que importa.

Fique atento para não acreditar que você está sempre certo e que seu caminho é o único caminho. Existe o risco de se tornar excessivamente autoritário ou intolerante com os outros.

Rei de Copas

Um rei levemente melancólico senta-se confortavelmente em seu trono, como se estivesse infeliz por seus pés estarem na água. Inspiração e beleza estão ao seu redor, mas ele parece desejar estar em outro lugar. Os poetas românticos, profundamente ligados a este rei, tinham um lema: "Qualquer lugar, exceto aqui, a qualquer hora, menos agora".

Você tem sorte em suas realizações. Você conseguiu muito e construiu um bom negócio ou carreira para si mesmo. Talvez tenha uma vida familiar estável e amorosa. Essas coisas lhe dão muita satisfação, mas há um desejo em seu coração. É como se, ao ganhar poder e realizações, você perdesse o contato com seu lado criativo. Procure uma alternativa artística ou criativa e alimente suas emoções.

Fique atento para não se concentrar no que você não tem. Se você observar apenas as coisas que estão faltando em sua vida (como projetos criativos pessoais), poderá ficar amargo e ressentido. Você pode acabar negligenciando suas obrigações existentes se ceder ao vitimismo e a auto-obsessão, em vez de soluções viáveis.

Rei de Espadas

*U*m homem severo senta-se firme e confiante em seu trono. Ele está com a espada pronta. Sua bainha está bem presa em sua mão. Talvez seja como a bainha de Excalibur e mantenha esse rei a salvo de qualquer ferimento mortal. Ele é um homem carismático que exala confiança, inteligência e poder.

Sua inteligência está no centro de sua persona. Você a usou bem para criar uma vida bem-sucedida para si e para os que estão associados a você. Sua sabedoria beneficia os outros e você se sente à vontade para compartilhar suas ideias e opiniões.

Fique atento para não deixar sua inteligência defini-lo por completo. Busque um pouco mais de equilíbrio em sua própria autoimagem e em suas relações com os outros. Tenha cuidado, também, para não se tornar um esnobe. Sua mente é poderosa, mas, se for muito voltada para dentro, você pode estar propenso a paranoia.

Rei de Pentáculos

*U*m homem atento se inclina para a frente em seu trono como se estivesse ouvindo atentamente alguém falando com ele. Ele segura seu cetro com as duas mãos, como se quisesse se lembrar de sua grande responsabilidade.

Você gosta das coisas boas da vida e está disposto a trabalhar duro por elas. Embora você queira o melhor, não espera que seja entregue facilmente a você. Neste ponto, você trabalhou duro e por muito tempo; você exerceu sua autoridade e talento com sabedoria e gostaria de assumir a responsabilidade, mesmo que por um tempo, e se entregar às coisas boas que a vida tem a oferecer.

Fique atento para não se tornar preguiçoso ou dependente de bens materiais. Seu amor pelo luxo pode superar sua natureza prática e levar a dívidas. Embora você possa ser seduzido pela boa vida, verá que ela sozinha não pode satisfazê-lo.

Aberturas

As aberturas dão estrutura às respostas, informações e conselhos que você procura. Sua pergunta ajudará a determinar a abertura que você usará. Antes de começar, observe as cinco aberturas deste capítulo e selecione a mais apropriada. Se nenhuma se encaixar na situação, tente puxar uma carta ou fazer uma abertura você mesmo.

Exercício 12

Pratique a criação de uma abertura. Imagine que uma amiga tenha a oportunidade de fazer uma viagem a um ótimo preço. Ela não tem o dinheiro à vista e seria preciso pegar emprestado (provavelmente usando o cartão de crédito). Essa viagem é o que ela sonha há algum tempo e ela quer ajuda para decidir se deve ou não ir. Que abertura você faria?

Abertura de três cartas

As aberturas de três cartas têm muitas variações e são adaptáveis a muitas situações. Algumas das variantes mais comuns incluem as três aberturas a seguir.

Passado, Presente e Futuro

*U*se essa abertura para obter uma imagem de como surgiu uma situação e qual é o resultado mais provável se tudo permanecer como está. Examinando a energia passada e presente, você pode trabalhar para facilitar o possível resultado ou encontrar maneiras de alterar esse curso.

1. Influências Passadas
2. Situação Atual
3. Possibilidades futuras

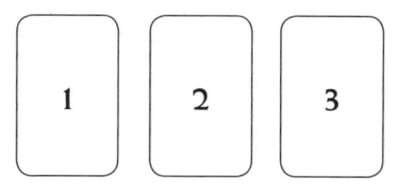

Corpo, Mente e Espírito

*E*ssa abertura é útil quando você se sente um pouco desequilibrado e deseja identificar a área que precisa de atenção. É como um termômetro holístico. Depois de determinar o problema, você pode fazer outra abertura para encontrar opções para resolver a questão ou simplesmente retirar uma única carta para obter conselhos.

1. Corpo
2. Mente
3. Espírito

Escolhas

$\mathcal{Q}$uando você tiver um dilema, situação ou pergunta com duas opções distintas, use essa abertura para ajudá-lo a obter uma visão clara. Às vezes, é possível encontrar aspectos do dilema que você não percebia antes e ramificações de cada escolha. Se ainda não estiver claro, puxe uma quarta carta aleatória para indicar uma terceira opção em que você ainda não pensou.

1. Dilema ou pergunta
2. Escolha A
3. Escolha B

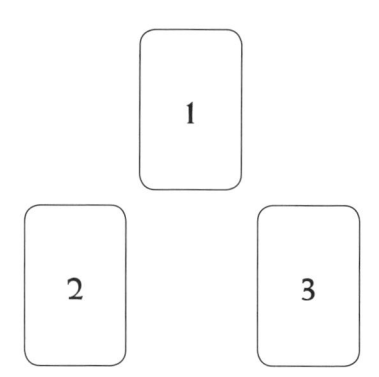

Cruz Celta

*E*ssa abertura é muito popular e pode acessar de maneira simples e clara um problema, o que causou o problema e qual pode ser o resultado. Ela é restritiva, pois não fornece informações sobre como alterar um resultado, mas pode ser um ponto de partida útil. Depois de ter uma noção geral da situação, você pode usar as cartas para obter mais detalhes ou *insights*.

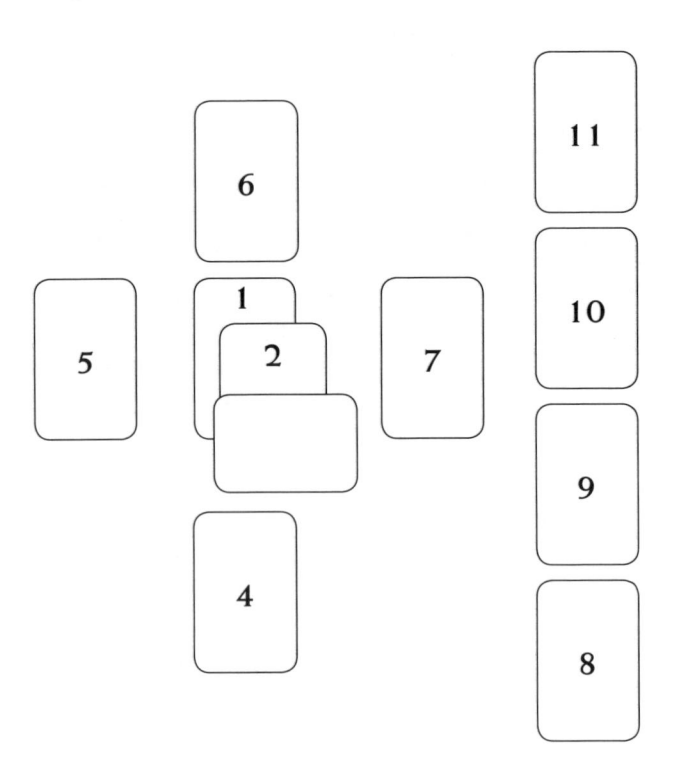

Existem muitas variações, mas esta é a mais comum. Resumidamente, aqui estão os significados das posições:

1. SIGNIFICANTE (opcional): a carta significante é considerada opcional por muitos leitores.

2. VOCÊ: representa você em relação à pergunta.

3. CARTA CRUZADA: indica o conflito.

4. BASE DA QUESTÃO: ilustra a base do problema ou da questão.

5. PASSADO: influências significativas do passado que moldam o problema atual.

6. PRESENTE: forças atuais que afetam a situação.

7. FUTURO: forças que afetarão o resultado.

8. VOCÊ MESMO: sua autoimagem, que pode ser diferente do seu "eu" na carta na posição dois. A autoimagem nem sempre reflete o seu interior.

9. FATORES AMBIENTAIS: É assim que os outros veem você nessa situação.

10. ESPERANÇAS E TEMORES: ilustra o que você mais espera ou mais teme.

11. RESULTADO: indica o resultado provável, se todas as coisas permanecerem como estão no momento da leitura.

Se alguma carta da abertura o intrigar, você pode puxar outra do baralho. Seja claro sobre o que deseja esclarecer ao pegar a carta. Por exemplo, se a carta na posição Esperanças e Temores o intrigar, determine o que exatamente você quer saber. Você quer saber mais sobre o medo? Você quer saber como você pode superar melhor o medo? Lembre-se, a pergunta feita é importante, se você não tiver certeza do que está procurando, sua leitura poderá ser confusa ou ambígua.

Outra técnica que pode ser útil é pegar a carta em questão e deixá-la de lado. Embaralhe o resto do baralho e puxe três cartas, sabendo muito bem que informações você deseja receber do tarô.

Abertura diária

$\mathcal{K}$athie Vyvyan criou a abertura diária porque queria uma abertura simples que não fosse muito extensa para ser feita todos os dias, mas que fosse específica o suficiente para fornecer respostas e reflexões detalhadas.

Além de ser uma ótima abertura diário, também é uma ferramenta útil para ajudar a aprender as cartas e a aprimorar suas habilidades de leitura de tarô. Kathie faz essa leitura todas as manhãs, observando as cartas selecionados e suas interpretações em seu diário. Ela tenta prever eventos que podem acontecer com base nas cartas. À noite, ela usa uma caneta de cor diferente e compara o que realmente aconteceu com suas previsões.

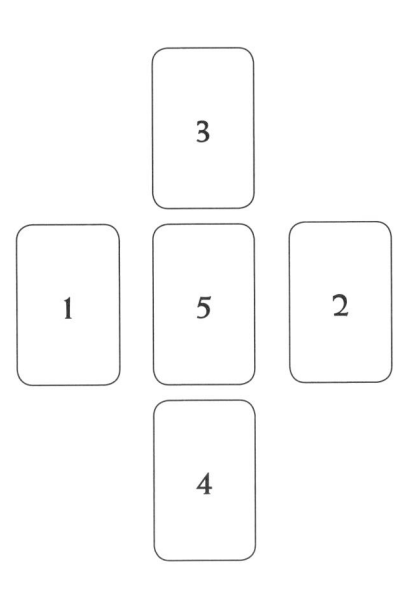

1. TRABALHOS: refere-se às coisas que você realiza em um dia (seja no trabalho ou em tarefas pessoais).
2. CASA: reflete as pessoas e as atividades relacionadas à sua casa e à sua vida doméstica.
3. INESPERADO: indica surpresas e eventos inesperados.
4. SEU PAPEL: representa seu humor, suas ações ou reações a eventos e pessoas que preenchem seu dia.
5. RESULTADO: mostra o resultado do dia; muitas vezes prediz uma lição aprendida ou uma revelação espiritual.

Entre em contato com a autora e o artista

$\mathscr{S}$e desejar entrar em contato com a autora ou o artista, ou quiser obter mais informações sobre este kit, escreva para eles sob os cuidados da Llewellyn Worldwide e encaminharemos sua solicitação. A autora, o artista e o editor apreciam ouvir seu feedback e saber como você se divertiu com este livro e de que forma ele o ajudou. A Llewellyn Worldwide não pode garantir que as cartas escritas à autora ou ao artista possam ser respondidas, mas iremos encaminhar todas a eles. Escreva para:

Barbara Moore/Ciro Marchetti
c/o Llewellyn Worldwide
2143 Wooddale Drive
Woodbury, MN 55125-2989

Coloque no mesmo envelope seu endereço e um selo carimbado para obter resposta, ou US$1,00 para cobrir os custos. Se você residir fora dos Estados Unidos, inclua um cupom de resposta internacional.

Muitos dos autores da Llewellyn têm sites com informações e recursos adicionais. Para mais informações, visite nosso site: WWW.LLEWELLYN.COM